中国式幸福

云南 15 个
特有少数民族
小康生活实录

李吉星　主编

云南美术出版社

图书在版编目（CIP）数据

中国式幸福 ： 云南15个特有少数民族小康生活实录 ／
李吉星主编． -- 昆明 ： 云南美术出版社，2024．9．
ISBN 978-7-5489-5214-5

Ⅰ．F127.74

中国国家版本馆CIP数据核字第2024VU6974号

策　　划：郑涵匀
责任编辑：赵　婧　张湘柱　赵关荣
装帧设计：王睿韬　张　琦
封面设计：张　琦
责任校对：张　蓉　孙筱琛　周凡丁　张志红

中国式幸福

云南 15 个特有少数民族小康生活实录

李吉星　主编

出版发行：云南美术出版社

印　　制：云南出版印刷集团有限责任公司华印分公司

开　　本：787mm×1092mm　1/16

印　　张：13.5

字　　数：230 千

版　　次：2024 年 12 月第 1 版

印　　次：2025 年 1 月第 1 次印刷

印　　数：1~2000

书　　号：ISBN 978-7-5489-5214-5

定　　价：70.00 元

《中国式幸福·云南 15 个特有少数民族小康生活实录》编委会

主　　编：李吉星

文字编撰：徐何珊　席永财　蒋　茜　刘　江　张洪杨　陈春艳

朱佶丽　张志远　王国爱　杨　芍　薛金玲　牛奕淇

金黎燕　和红灿　李建波　罗　丹　张群辉　爱星·西涅

图片提供：李学明　徐何珊　杜玉亭　石祖清　桂金再　刘　江

刘维斌　王国爱　杨　沐　罗金合　杨　倩　郭　敏

玉康龙　岩俄相　陈春艳　郁伍林　丰玉立　朱佶丽

张志远　陈云峰　杨国勇　依　腊　钱明富　杨帮庆

杨　芍　薛金玲　金黎燕　庞爱民　钱民富　和红灿

王德武　波　哥　岩三卡　陈永刚　陈启发　陈　燕

李　伟　罗　丹　李有平　谢佳衞

云南省社会科学院

大理白族自治州民族宗教事务委员会

贡山独龙族怒族自治县独龙江乡人民政府

云南美术出版社

大理市璞真白族扎染有限公司

大理市蓝续文化发展有限责任公司

云南省烟草专卖局

前　言

党的十八大以来，以习近平同志为核心的党中央站在坚持和发展中国特色社会主义、实现中华民族伟大复兴的战略高度，紧紧围绕铸牢中华民族共同体意识这条主线，谋划部署新时代党的民族工作，推动我国民族团结进步事业取得新的历史性成就。

一、中国特色解决民族问题的正确道路

民族问题是一个社会政治问题，属于一定的历史范畴。它随着人们形成不同的民族而发生，也将随着民族差别的消失而消失。解决民族问题，核心是实现民族平等和民族团结。社会在发展变化，民族问题也随之变化。在不同的历史时期和社会条件下，民族问题具有不同的内容和性质。在阶级社会里，不论是国际范围还是多民族国家，民族问题主要表现为民族压迫、民族歧视、民族不平等。要解决这种历史条件下的民族问题，必须推翻阶级压迫制度。而在业已消灭了阶级剥削，铲除了产生民族压迫的阶级根源，实现了民族平等的社会主义条件下，民族问题则主要表现为由于历史遗留下来的各民族经济、文化发展水平上的差距，造成各民族在享受法律所赋予的民族平等权利时，存在着事实上的不平等。要解决这种新的历史条件下的民族问题，需要逐步缩小各民族间经济、文化发展上的差距，同时，要不断巩固和发展平等、团结、互助、和谐的社会主义民族关系。中国共产党带领全国各族人民，坚持党的领导，坚持中国特色社会主义道路，坚持维护祖国统一，坚持各民族一律平等，坚持和完善民族区域自治制度，坚持各民族共同团结奋斗、共同繁荣发展，坚持打牢中华民族共同体的思想基础，坚持依法治国，走出一条中国特色解决民族问题的正确道路，持续保障和实现民族权益，各民族凝聚起团结奋斗的强大合力，汇聚起磅礴力量，不断推动中华民族共同体建设。

二、全面建成小康社会，一个民族都不能少

在民族问题存在的全部历史中，不论任何时期，它的发展变化及问题的解决，都与社会发展的总进程及改造社会的总任务联系在一起。这些问题只有随着社会主义的物质文明和精神文明的高度发展才能根本解决。其中贫困问题是解决民族问题的首要经济问题。按照经济学的一般理论，贫困是经济、社会、文化贫困落后现象的总称，但首先是指经济范畴的贫困，即物质生活贫困。贫困的存在有着历史与现实的双重原因，因而贫困又属于一个历史性的范畴。贫困不仅是经济概念，更关乎基本的公民权利、能力，其实质是一种权利和能力的贫困。中华人民共和国成立后，国家尽一切努力促进各民族的共同发展和共同繁荣。国家根据民族地区的实际情况制定并实施了一系列特殊的政策和措施帮助、扶持民族地区发展经济。经过长期艰苦卓绝的脱贫攻坚，2021 年，在庆祝中国共产党成立 100 周年大会上，习近平总书记郑重向全世界宣告，经过全党全国各族人民持续奋斗，我们实现了第一个百年奋斗目标，在中华大地上全面建成了小康社会，历史性地解决了绝对贫困问题，正在意气风发向着全面建成社会主义现代化强国的第二个百年奋斗目标迈进。

中华民族是一个大家庭，推动各民族共同走向社会主义现代化，一个民族都不能掉队。"全面建设社会主义现代化国家，一个民族也不能少"，习近平总书记的铿锵话语，激励全国各族儿女满怀信心，踏上新征程。新征程上，各族儿女像石榴籽一样紧紧抱在一起，共同团结奋斗、共同繁荣发展，为强国建设、民族复兴贡献力量。要做好新征程上的民族工作，必须协同推进各民族实现共同富裕、共建共享中国式现代化。

三、全面建设社会主义现代化国家

中国式现代化是人口规模巨大的现代化。全国十四亿多人口的规模，资源环境条件约束很大，这是中国突出的国情。这么大规模人口的现代化，其艰巨性和复杂性是前所未有的，其意义和影响也是前所未有的。中国式现代化是全体人民共同富裕的现代化，这是由中国特色社会主义制度的本质决定的，要让全体人民都过上好日子，都有机会凭自己的能力参与现代化进程，凭自己的贡献分享国家发展的成果。共同富裕也是一个长期的历史过程，不可能一蹴而就，需要坚定不移地朝着这个方向共同努力。中国式现代化是物质文明和精神文明相协调的现代化。强大的物质基础、人的物质生活资料丰富当然是现代化的题中应有之义，但不是只追求物质享受、没有健康的精神追求和丰富的精神生活，中国式现代化追求的是既物质富足又精神富有，是人的全面发展。

中国式现代化是人与自然和谐共生的现代化。纵观世界现代化史，工业化、城市化进程中对生态环境的破坏是一个通病。党的十八大以来，我们国家坚决遏制住了生态环境破坏的势头，生态环境保护发生历史性、转折性、全局性的变化。习近平总书记"绿水青山就是金山银山"的理念已经深入人心，全国人民坚定不移地走可持续发展的道路。中国式现代化是走和平发展道路的现代化。中华民族追求与世界上其他民族和平、发展、合作、共赢，这既符合中国的根本利益，也符合其他国家和民族的利益。

中国式现代化新道路是基于历史发展的实践选择，是中国人民对历史更替规律的方向把握。它内含中国人民对未来社会发展的坚定信念，表达着社会进步和文明发展的立场。发展是解决民族地区各种问题的总钥匙，也是增强中华民族共同体意识的动力源。面向未来，补齐民生短板，增进民生福祉，让各族人民实实在在感受到推进共同富裕在行动、在身边。

目 录 CONTENTS

沧源佤山的美丽蝶变

　　　　——佤族小康实录　/ 3

基诺大鼓奏响幸福声

　　　　——基诺族小康实录　/ 17

美丽德宏　幸福阿昌

　　　　——阿昌族小康实录　/ 29

一步千年圆梦小康　摆时歌唱幸福生活

　　　　——傈僳族小康实录　/ 41

村寨美　文化优　村民乐的傣乡新生活

　　　　——傣族小康实录　/ 53

怒族达比亚奏响"幸福曲"

　　　　——怒族小康实录　/ 67

共圆小康梦　白州谱华章

　　　　——白族小康实录　/ 79

布朗三弦弹出蜜糖似的好日子

　　　　——布朗族小康实录　/ 101

书写幸福的茶叶信

　　　　　　——德昂族小康实录　/117

独龙族的幸福路

　　　　　　——独龙族小康实录　/129

阔步小康路　焕颜景颇山

　　　　　　——景颇族小康实录　/141

业兴人和的新生活

　　　　　　——纳西族小康实录　/155

歌声唱出拉祜村寨幸福生活

　　　　　　——拉祜族小康实录　/169

用汗水浇灌收获　以实干笃定前行

　　　　　　——哈尼族小康实录　/181

日新月异　普米族告别贫穷迈小康

　　　　　　——普米族小康实录　/195

后记　/204

佤族

沧源佤山的
美丽蝶变

——佤族小康实录

　　佤族是历史悠久的民族之一。第七次全国人口普查数据显示，中国境内佤族人口为430977人，其中云南省有383569人。佤族主要居住在云南省西南部的临沧市沧源县、耿马县、双江县、镇康县、永德县和普洱市西盟县、孟连县、澜沧县，部分散居在保山市、西双版纳州、昆明市和德宏州境内。

沧源县城　摄影：陈平

沧源县是镶嵌在祖国西南边陲的一颗璀璨明珠，与缅甸掸邦第二特区接壤，国境线长150千米，既是由原始社会末期一跃千年直接跨入社会主义社会的"民族直过区"，也是全国最大的佤族聚居地。沧源县是一个以佤族为主体，傣族、汉族、拉祜族、彝族等20多个民族杂居的边疆民族自治县，人口中"直过民族"占98.06%。

新中国成立以来，特别是实施脱贫攻坚与乡村振兴战略以来，沧源县牢牢抓住有利契机，将之作为佤族群众摆脱绝对贫困、赢得跨越发展的重大机遇，努力破解基础设施、产业发展、文化旅游、内生动力、基层办事能力、集体经济等六大制约发展的难题，闯出了一条"边疆直过民族地区"摆脱绝对贫困的成功之路。

2019年4月30日，经云南省人民政府批准，沧源县正式脱贫摘帽出列，标志着沧源县历史性告别绝对贫困，向全面建成小康社会迈进。行走在佤山的村村寨寨，我们见证了佤山的美丽嬗变，更深切地感受到"心向总书记、心向党、心向国家"的坚定信念时刻激励和引领着边疆各族干部群众"感党恩、听党话、跟党走"阔步前行。

决战脱贫攻坚　圆梦幸福小康

"山中方一日，世上已千年。"走进佤山大地，一幢幢错落有致的新民居成群崛起于公路两旁；瓜果飘香，产业兴旺，宽敞整洁的硬板路通村到组，村民喝上了洁净的自来水，看上了电视，用上了互联网，上学、看病不再难……新房子盖起来了，"水电路网"等基础设施完善了，产业发展起来了，山更绿了，水更清了，各族干部群众的精气神也更足了，过上了"两不愁三保障"的新生活。

党的光辉照边疆，边疆人民心向党。在中国共产党的坚强领导下，在国家政策的大力扶持下，全县各族人民团结一心，从封闭落后迈向开放进步，从温饱不足迈向全面小康，从积贫积弱迈向繁荣富强，创造了一个又一个边疆少数民族发展的奇迹。经济社会发展取得了巨大成就，为祖国稳边、固边、强边、富边、兴边作出了贡献。自2016年党中央作出实施脱贫攻坚战略决策以来，佤山人民始终牢记习近平总书记的殷殷嘱托，聚焦"两不愁三保障"，科学分析贫困村（户）致贫原因，分类指导，

5G 网络覆盖乡村

精准施策，按照"六个精准"和"五个一批"政策，组织实施脱贫攻坚战，创造了提前一年完成全县脱贫摘帽的奇迹，探索出"民族直过区"脱贫奔小康的新路子。

主要表现：一是国民经济持续快速增长，经济总量迈上新台阶。1952年，全县地区生产总值仅404万元；改革开放以来，特别是党的十八大以来，在党的光辉照耀下，经济保持中高速增长，2021年，全县地区生产总值达58.72亿元，是1952年的1453.47倍；全县人均地区生产总值达36849元，是1952年68元的近542倍。2010年至2021年，沧源县经济增长有8年位居全市前三位。产业结构不断调整优化，从以

绿树成荫的特色小镇

硬板路来到了村庄

依赖单一产业为主转向三大产业共同带动，其比例由 1952 年的 94.3 ：2.2 ：3.5 优化到 2021 年的 29.8 ：28.5 ：41.7。二是居民收入持续增加，消费水平不断提高。2004 年，全县城镇居民人均可支配收入仅 6609 元，农村居民人均可支配收入仅 1064 元。随着经济持续快速的发展，带动了城乡居民收入水平的不断提升。2021 年，全县城镇居民人均可支配收入达 32870 元，农村居民人均可支配收入达 13692 元，分别是 2004 年的近 5 倍和 12.9 倍，城乡居民收入差距不断缩小。1952 年，全县社会消费品零售总额仅 145 万元；随着收入的较快增长，居民消费能力显著提升，消费结构升级趋势明显，家电、汽车等消费品拥有量大幅增加，居住条件显著改善。2021 年，全县社会消费品零售总额达 22.9 亿元，是 1952 年的 1579.3 倍。三是金融体系不断完善，市场活力日益增强。1978 年，全县人民币存、贷款余额分别为 612 万元、572 万元；2021 年，全县人民币存、贷款余额分别达 48.27 亿元、33.74 亿元，分别是 1978 年的 788.7 倍和 589.9 倍。固定资产投资由 1972 年的 100 万元上升到 2021 年的 59.62 亿元，是 1972 年的 5962 倍。四是财政实力不断夯实，民生投入持续提升。1954 年县财政收入仅 5 万元。通过积极培植财源，多渠道筹措资金，加强重点行业和企业的扶持和培育，加强对小税种和零星税源的服务管理，加大非税收入的管理力度，2021 年财政收入已达 4.93 亿元，是 1954 年的 9860 倍。

与缅甸（佤邦）隔河相望的
边境乡镇街道

特色产业提质增效　社会保障大幅提升

木瓜

　　佤族属于直过民族，农业基础设施和劳动技能落后，早期"刀耕火种""靠天吃饭"现象明显，粮食产量较低。1952年，全县农林牧渔业总产值仅328万元。随着党对"三农"工作投入和支持力度不断加大，农业综合生产能力不断提升，农业经济快速发展，目前建成高标准农田21.79万亩（约14533.93公顷），建成国家糖料蔗核心基地7.38万亩（约4922.46公顷），全县甘蔗产糖率达13.72%，为全市最高；整合茶叶基地10万亩（约6670公顷），建成全省规模最大、技术最先进的CTC红碎茶生产线；积极探索"夏烟早植"，采取规模连片种植，大力改进种植和烘烤技术，成为河南中烟"黄金叶"品牌专属烟区；建成农林产业基地213.98万亩（约

佤族村寨的蔬菜基地

142724.66公顷），农民人均产业面积14.58亩（0.95公顷）。2021年，全县农林牧渔业总产值达29.64亿元，是1952年的903.7倍。

生态有机茶园

沧源县认真落实党中央的惠民政策，全力解决群众急难愁盼问题，民生支出占一般公共预算支出的80%以上。教育保障水平大幅提升。2014年，全县人均受教育年限只有7.9年，通过实施教育惠民政策，全县义务教育阶段适龄儿童全部入学，义务教育巩固率达95.33%。2021年，全县人均受教育年限达10.2年，被列入"国家级信息化教学改革试验区"，被评为"全国义务教育发展基本均衡县""云南省教育工作先进县""云南省教育信息化应用示范县"。医疗保障大幅提升。2014年以前，全县没有一所达标的乡镇卫生院，医疗设备简陋，群众看病难的问题十分突出，许多农村群众生病依靠"看卦叫魂"，耽误了最佳诊疗时机。沧源县通过落实健康扶贫政策，实施医共体建设，目前，全县所有乡（镇）卫生院和村卫生室均已达标，群众实现了就近就便看病就医，彻底告别了生病"看卦叫魂"。

壮大村级集体经济　提升群众幸福指数

近年来，沧源县在各级党委政府的关心支持和挂钩援建部门的倾心帮扶下，多渠道整合资源，把培植、发展产业作为首要任务，先后在班洪乡、勐来乡、糯良乡、单甲乡、勐董镇、勐省镇等乡镇，投资兴建种植养殖基地，大力培植打造养猪、养鸡、肉牛养殖、养蜂等产业，以及辣椒、草莓、百香果等蔬菜瓜果种植，培植"文旅融合""农旅融合"等新兴产业，以"村集体＋合作社＋农户""村委会＋基地＋经营大户""公司＋基地

宽敞明亮的教室

<<<

+农户"等模式开展运营。依靠华能集团、沪滇帮扶等项目打造了"椒基地""牛产业""甜蜜蜜"(养蜂),以及旅游公司、演艺公司,在坚持党建引领发展的基础上,大大夯实了村级集体经济实力,助推沧源县域内的村集体经济从无到有、由弱到强,实现提质增效的华丽转身。

一组数据最有说服力,截至 2021 年底,全县村集体经济总收入2504.04 万元,经营性收入从 2016 年的 288.65 万元增加到 2021 年的1645.48 万元,93 个行政村(社区)集体经济经营性收入全部达 5 万元以上。班洪村以 223.87 万元位居 2021 年临沧市村级集体经济收入第一位,首次实现分红 30 万元,让 196 户群众共享发展红利。

村级集体经济的壮大,既破解了"无钱办事""无人可用"的问题,又激发和增强了农村基层党组织的凝聚力、创造力,有力地助推脱贫攻坚

用传统技艺织布的佤族妇女

与乡村振兴战略的顺利实施。

"我们村发生的根本变化，离不开各级党委政府的关心支持和挂钩部门的倾心帮扶，他们不仅帮助我们建房、发展产业，还帮我们修通硬化村组道路，修建了村组文化室、避难场所，安装了路灯，建起了垃圾池、冲水公厕，配备了卫生保洁员。"在沧源，无论走到哪里，你都会听到佤族群众发自肺腑的话语。近年来，他们亲历了佤山旧貌换新颜的变化，极大地提升了幸福指数，更加增添了爱党、爱国的情感。脱贫攻坚实施前，许多村寨村组道路全部是土路，雨季时全是黄泥巴路；老百姓的房子多是土基房、石棉瓦房，还有部分茅草房、杈杈房，风吹雨淋，很不安全；寨子污水横流，垃圾遍地，没有文化室、垃圾池，没有安装路灯，晚上，老百姓无所事事。如今，新建的房子高大气派，道路干干净净，粪堆、草堆、柴堆没了，变成了菜园、果园、花园。

"村里人现在可洋气了，也更爱打扮了，每人至少有 3 套衣服，白天出去做活穿一套，晚上打歌唱调穿一套，走亲串友、参加集会又要穿一套。"说起村里的变化，许多村"两委"领导都一脸的自豪。

感恩已成为沧源各地佤族群众的一种共同心愿，自强自立、脱贫致富已成为群众的自觉行动。老百姓自觉养成了爱护卫生的好习惯，每隔几天都会自发组织打扫村组卫生，路上看不到垃圾污物，农村环境干净整洁，与漂亮的住宅、良好的生态环境形成了和谐统一的画面。

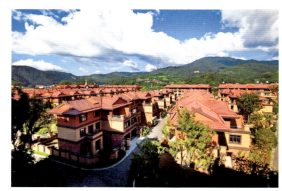

佤族社区新貌

盘山公路

村边的河道

基础设施大幅改善　助推国际旅游度假区建设

　　基础设施建设既是基本的民生保障，也是贫困地区脱贫攻坚的基石。作为全市乃至全省最为闭塞的县区之一，以交通为主的基础设施建设滞后问题一直以来是沧源县实现跨越发展的最大瓶颈和难题。脱贫攻坚战打响以来，沧源县聚焦"住房难""出行难""饮水难""用电难""通网难"等边疆直过民族地区的现实短板问题，坚持把改善基础设施条件作为边疆"民族直过区"实现脱贫攻坚、同步小康目标的先决条件。

　　2014年至2021年，全县累计投入资金70亿元，全方位推进水、电、路、医疗、教育、网络等基础设施建设，累计完成农村危房改造21888户，实现农村危房全部清零。2016年，沧源佤山机场建成

司岗里狂欢摸你黑

通航，沧源人民实现了千年飞天梦。2021年，全县公路总里程达4870.05千米，实现行政村村村通硬板路；建制村通畅率达100%，自然村通畅率达95%，自然村硬化路建设里程1306千米。昔日"山间铃响马帮来"的出行难状况已成为历史。

庆丰收

水、电、路、网等基础设施建设的全面提质增效，使过去出行靠牛背马驮、饮水靠竹筒提取、照明靠煤油点灯等现象彻底退出历史舞台，特别是佤山机场等重大基础设施的建成，使沧源实现了由闭塞边疆到开放前沿的华丽转身。

迎接春节

抓实安居工程　建设美丽家园

从实施脱贫攻坚到全面推进乡村振兴战略以来，笔者见证了沧源佤山的美丽嬗变过程。在沧源县的10个乡（镇），每当你站在村落高地，居高而下朝对面的山梁上望去，都会看到那些错落有致、绿树掩映下的佤族、拉祜族新民居已成群崛起于公路两旁。雾岚中那些依山而建的平顶或瓦顶的新房，红瓦白墙，屋顶有牛头、葫芦等造型，携时代特色和民族特色，点缀在苍翠的山坡树林间，有水彩画的意境，舞台般的神韵。一栋栋崛起的新民居，成为装点佤山大地的亮丽风景。这些特色民居既是实施脱贫攻

画家笔下的美丽家园

班鸽村

电网覆盖村寨

坚与乡村振兴战略以来沧源发生的新变化，更是佤族、拉祜族等各族群众新生活的写照。

碧空如洗，蓝天白云，笔直的柏油路两侧，鲜花盛开，瓜果飘香，翠竹婆娑，巨大的榕树，阶梯式的栈道……走进沧源县勐省镇满坎村，勐董镇国门新村、上龙乃村、永和新村，班洪乡班洪村等村庄，都会让你眼前一亮：红瓦白墙、具有佤族特色的安居房坐落在山腰；进村入户的硬板路干净整洁、四通八达；道路两旁种满果树、蔬菜和花卉，空气清新，鸟语花香，让人有一种置身仙境的感觉。用"开门见花，伸手摘果，弯腰摘菜"来形容沧源美丽村庄建设"景美、民富、人欢乐"的现代新农村气息，很是贴切。

阿佤人民再唱幸福歌

"做梦都不敢想象我还能住上这么好的房子，真感谢各级党委政府的关心支持和驻村队员的倾心帮助。现在房子建好了，我要抓紧种植烤烟、茶叶，让今后的生活过得更好。"这是东米村村民扎发的心里话。笔者在云南省民政厅挂钩的新华村、中贺勐村看到，青山绿树掩映间是一栋栋晃眼的"外墙瓷砖琉璃瓦"人家，新房子里面电视、沙发齐备，炊具、衣被等已经全部更换。据统计，2014年以来，沧源县累计完成危房改造21888户，一幢幢农村安居住房拔地而起，圆了当地百姓的千年安居梦。

牢记"三好"重托　建设好美丽家园

　　走在班洪乡班洪村下班坝村的小路上，鲜花盛开、瓜果飘香的美景和清新怡人的田园气息，让人流连忘返。虽是正午时分，感恩纪念广场上依旧人头攒动，人们扶老携幼，争相购票体验玻璃栈道，观赏万亩林海，只为感受"世界佤乡，秘境沧源""大美之地，养生天堂"的无穷魅力。

　　脱贫后的班洪乡通过发展乡村旅游，把好风景变成"好'钱'景"，走出一条"旅游+"巩固拓展脱贫攻坚成果的新路子。

　　"过去，这里不通水、不通电、不通硬化路，祖祖辈辈刀耕火种、居无定所，是典型的贫困村。现在，大家都有了经商意识，下班坝村就有18人在景区就业，村民种植的香蕉、菠萝蜜、杧果很受游客青睐。"村民杨文新感慨地说。

中缅胞波情谊万古长青纪念碑

在旅游景区沧源班鸽村，已退休两年的赵红兵老师回到村里后，看到家乡变化如此之大，整天乐呵呵的，除了帮助老伴饲养猪、牛外，还将庭院、客房打理得干干净净，游客多时亲自下厨。"变化太大了，以前吃不饱、穿不暖的班鸽村，现在村民人均纯收入超过

永和国门新村文化活动广场

了 1.5 万元，随着旅游业的发展，日子会越过越红火。"赵红兵充满自信地说。

据了解，沧源县近年来打造的集山水风光、人文民俗风情、边境特色村寨和乡村旅游休闲于一体的精品旅游村庄，不在少数。

沧源佤山的发展变化历史，既是"党的光辉照边疆，边疆人民心向党"的生动体现，也是佤族人民自强不息、团结奋进、创先争优的真实写照。

如今的佤山大地，党旗飘扬，当地群众过上了安居乐业的幸福生活。

（本文作者：爱星·西涅，摄影：李学明）

基诺族

基诺大鼓

奏响幸福声

—— 基诺族小康实录

　　基诺族主要居住在中国西南边陲茂密的热带雨林之中，第七次全国人口普查数据显示，基诺族有 26025 人，是云南 8 个人口较少的少数民族之一，也是从原始社会直接过渡到社会主义社会的民族之一。基诺山基诺族乡是基诺族的发祥地及主要聚居区，也是基诺族的政治、经济、文化中心。基诺山基诺族乡位于西双版纳傣族自治州景洪市东北部，距市区 27 千米，全乡国土总面积 622.9 平方千米，森林覆盖率达 94.01%。全乡有 95% 以上土地坡度在 25° 以上，是典型的纯山区民族乡。过去，

基诺山中的扎吕村鸟瞰图（基诺乡政府供图）

基诺族在茫茫原始森林中过着相对与世隔绝的生活，他们没有自己的民族文字，刻木记事，以歌言志，依靠刀耕火种、采集狩猎为生。1979年，基诺族被国家确认为单一民族，在党和国家的关怀下，基诺族与全国其他兄弟民族一起团结奋进，社会文化发生了一系列翻天覆地的变化。2019年4月国务院宣布基诺族整族脱贫，基诺族落实"两不愁三保障"，家家户户步入生活小康。基诺山碧绿的山林中，茶香果香芬芳怡人，宽阔的公路上奔驰着装满水果的货车，整洁的房屋庭院种满了美丽的鲜花，云雾还没升起来，勤劳的基诺族人民已经割好了胶树。钱袋子鼓起来了，沟通出行更便捷了，乡村生活更安定了，笑容更灿烂了……每时每刻，基诺族都在感受着变化，也见证着小康生活的幸福。

20世纪90年代 基诺族欢庆特懋克节

硕果满枝，茶飘香

　　过去的基诺族靠山吃山，生产方式单一、落后。在科技上山、林业三定、扶贫等源源不断的国家政策扶持下，基诺族因地制宜，念好"山字经"，发挥自然资源优势，大力发展特色农业。基诺族人民积极学习农业技术，改良茶叶、稻谷品种和种植技术，形成了茶叶、砂仁、橡胶三大优势产业，同时推进三月甜李、澳洲坚果、早柚、金煌杧、晚熟杧种植等特色产业，建立了长短结合的经济支撑产业，为人们的经济稳定增收奠定了基础。

　　基诺族有着悠久的制茶历史，攸乐茶曾享誉天下。清代乾隆年间的《滇海虞衡志》

这样记载："普茶名重于天下，此滇之所以为产而资利赖者也，出普洱所属六茶山：一曰攸乐，二曰革登，三曰倚邦，四曰莽枝，五曰蛮砖，六曰慢撒，周八百里。""攸乐"就是今天的基诺山，为普洱茶古六大茶山之首，面积在古六大茶山中最大，是云南大叶茶的中心产地之一，早在1700多年前就开始栽培茶树，历史上最高产量达到2000担（1担=50千克）。

如今基诺族紧跟时代发展的步伐，不断提升茶的品种、种植技术和加工技术，茶叶已成为产业发展的"金叶子"。

近年来，随着基诺山茶知名度的不断提升，吸引了不少企业来基诺乡投资合作。巴亚村委会与西双版纳金菩麟实业有限公司共同投资成立公司进行运作，公司注册资金865万元。茶厂占地面积8574.39平方米，项目规划共分为两期：一期为建造340平方米的仓储车间和554平方米的初制加工车间，可实现普洱茶萎凋、杀青、揉捻、晾晒等工艺，可达到每小时200千克的鲜叶加工量。车间全部采用现代化机械化的加工方式，减少人力，稳定品质。仓储车间屋顶将配备太阳能光伏发电，实现绿色能源利用。二期工程将配套茶饮文化体验、民宿、餐饮服务，约投资400万元，将建成一个集普洱茶加工、仓储、茶饮文化体验、旅游参观、民宿配套、餐饮服务等于一体的综合性普洱茶厂。

"十三五"期间，云南省委、省政府出台打造"千亿云茶"大产业相关政策，基诺山基诺族乡牢牢把握全乡茶产业实现跨越式发展的良机，充分发挥古树茶产业物种资源、生态环境、产业基础、产品特色、民族文化等优势，坚持绿色发展理念，切实转变古树茶产业发展方式，构建绿色产业发展体系、生产体系和经营体系，全面推进绿色发展，走出了一条产出高效、产品安全、资源节约、环境友好的绿色古树茶产业发展之路。

截至2020年，基诺乡茶叶种植面积28410亩（约1895公顷），采摘面积28410亩（约

基诺山碧绿的茶园

1895公顷），产量1322.09吨。其中，古树茶主要分布在么卓、亚诺、司土老寨、司土小寨、小普希、洛科大寨、洛科新寨、洛特老寨等村寨，共4370亩（约291.5公顷），年产干毛茶130多吨，产值2300多万元。近年来，基诺乡积极引进勐海陈升茶业有限公司、斗记茶业有限公司、龙象庄园等茶企业合作伙伴，目前全乡辖区内有较大茶叶加工厂4个，茶叶专业合作社14个，茶叶初制所99个，茶叶初制点446个。基诺山的生态茶再次享誉海内外，基诺山也成了响当当的金字招牌。

　　小普希村的产业发展见证了基诺族茶产业经济的腾飞。小普希村无水田种植，亦不适于种植橡胶，1983年由10千米外的原址搬迁过来建寨后，由于四周都是国有林，无法进行产业开发。过去种植的茶叶因为品质不高，价格低廉，在新中国成立之初，50千克茶叶才能换一根绣花针。再加上交通条件恶劣，全村15户居民都被列为建档立卡贫困户，贫困发生率100%。自从精准扶贫之后，各级党委政府和部门积极帮扶小普希村村民发展产业，组织开展茶叶初制加工，并向每户村民发放5万元贴息贷款作为产业扶持资金。小普希村利用资源优势，大力发展普洱茶产业，围绕茶叶打好产业增收牌。15户村民共同制订公约，承诺建设"优质、生态、高效"茶园，把基诺山乡（攸乐）小普希村建成中国最优质的普洱茶基地之一。村民运用科学方法管理茶园，做到不施化肥、茶树放养、绿色防治病虫、人工除草、纯手工杀青、自然光晒，外来茶叶禁止流入本村寨，做到茶叶"流出不流进"。村民们还将这些内容修订成文字形式，各家各户签字、按手印、上墙，村民一致遵守并认真执行，茶叶品质和产量大幅提升。2015年，在全乡举办的"攸乐贡茶文化节"上小普希村喜获金奖。茶叶的品质大幅提高，茶叶价格

美丽的小普希村

由 2014 年的 60 ～ 80 元 / 千克跃升至 2019 年的 440 ～ 560 元 / 千克。如今小普希村的主要经济收入来源为生态茶产业，全村人均纯收入 14972 元。这两年，基诺古茶山的茶叶已经漂洋过海卖到了诸多国家和地区。

走进小普希村，家家户户都有小汽车，美丽的基诺族民居中还有特色民宿。原来，除了茶产业外，村民还做起了乡村旅游，研究推出茶叶制作、手工艺品编制、热带雨林徒步等多元体验活动。一到假日就有夏令营、亲子游的游客们来这里体验乡村生活，感受乡土气息，学习茶叶和其他植物知识。

小普希村见证了乡村的美丽蜕变。美好生活愿景让过去这个贫困的小山村大放异彩，正朝着产业兴旺、生态宜居、乡风文明、治理有效、生活富裕的目标大踏步前进。

巴亚新寨过去山多地少，基诺族群众收入来源单一，日子过得紧紧巴巴。1994 年，村干部先资以村组名义向乡农村信用社贷款 5 万元，实行"公司 + 基地 + 农户"的发展模式，从广东引进一批优良品种"三月甜李"进行种植。通过合理调整农业产业结构，进行多元化种植，走出了一条村寨特色产业发展道路。

"一花独放不是春，百花齐放春满园"。先富带动后富，一寨带动整个村共同富裕，这是全国劳动模范、国家科普带

大力推进柚子产业发展

<<<

水果产业是基诺族的特色产业

头人先资最大的心愿。他把已经实验成功的好品种、好技术无偿推荐、传授给巴亚村委会其他村寨的乡亲们，积极带动整个巴亚村委会6个村寨的村民种植早熟甜李。巴亚村早熟甜李产业已逐步走向规模化，在全乡绿色特色产业发展中独具一格。巴亚新寨村民周桑说："我们村以前日子不好过，没有什么致富的路子，先资努力想办法。在他的带领下，我们村民都富起来了，还学习到了技术，我们都非常感谢他。"

如今的巴亚新寨大路越走越宽阔，不仅种植李子，还种植香瓜、糯玉米、西瓜、无筋豆等作物，拓宽了增收渠道。村民们勤劳致富的信心越来越足。

巴亚新寨"公司+基地+农户"的李子经营模式推广到了整个基诺乡。2019年，基诺乡7个村委会李子种植面积6508亩（约434公顷），其中，司徒村委会134亩（约9公顷）、巴来村委会17亩（约1.1公顷）、新司土村委会198亩（约13.2公顷）、巴卡村委会55亩（约3.7公顷）、洛特村委会471亩（约31.4公顷）、茄玛村委会1348亩（约89.9公顷）、巴亚村委会3790亩（约252.8公顷）。基诺乡成了闻名的"李子乡"，产品远销昆明、广东、福建等地，切切实实让村民获得了收益。

民生提升，幸福满

"要想富先修路。"这句俗语对于深山之中的基诺族而言，十分贴切。作为农村经济的生命线，交通是农村居民生产生活的保障。基诺乡已经实现行政村公路100%硬化，村小组道路硬化率80%以上。村民纷纷表示："现在坐在家门口就有人上门收购土特产，根本不用肩扛背驮地往山外运，一点都不愁卖。"

20世纪80年代的基诺山寨

茄玛村的一户村民家

巴飘村

扎吕村

巴坡村

基诺山处处书写着小康生活的美丽篇章。通过提升基础设施、五网建设、危房改造等安居工程，基诺族的居住环境有了巨大提升，46个村民小组均已实现"五通"。通过社会保障，实施政策性托底，实现了户户有社保，人人有保障。每个行政村都有标准化卫生室，小病不用再跑到乡镇，在村卫生室就能解决。孩子们坐在宽敞明亮的教室里书声琅琅，小学、初中入学率均为100%，全乡大专以上文化程度比例在全州名列前茅。

从坑洼的泥巴路到平坦的水泥路，从杂草丛生到姹紫嫣红，从破旧茅屋到特色民居，村民的生活蒸蒸日上。茄玛村农户的墙壁上彩绘了幸福生活的场景，庭院用一盆盆绿植装饰美化，体现了村民对美好生活的热爱，对社会主义新时代的讴歌。

小康不仅仅是物质生活的富裕，也是精神生活的满足。基诺乡着力提升村容村貌，按照结构稳固、富有特色、厨卫入户、人畜分离的安居房建设要求和村内水、电、路、绿化和亮化等配套设施建设标准，46个村寨的村庄面貌、群众面貌焕然一新。新建的乡村建筑将民族特色与时代特征相结合，建成具有浓郁民族特色风格的小别墅，村庄随处可见绿色的植物，道路两旁绿树成荫、鲜花盛开，路面整洁干净。

绿富同兴，共和谐

大山的民族，眷恋着大山。森林、山泉、动物、植物孕育了基诺族人与自然和谐相处的智慧。"绿水青山就是金山银山"，山、林、人构成了基诺族小康路上的华美乐章。基诺族主要聚居在生态环境功能区，多属于禁止和限制开发区。基诺乡一直

基诺民族小学　　　　　　　　　　　　　基诺民族小学学生课间操

紧抓生态不放松，建立了"生态立乡"的目标，走可持续发展道路，加强生态环境保护，开展森林资源保护工程建设，新建防火隔离带、防火道路等基础设施。加强森林病虫害监测预警，病虫害防治率超过85%；推进橡胶园生态修复工程；完成林地保护和利用规划，开展水库、公路生态修复，加强入河排污口污染物限排总量控制和管理；开展林区专项整治行动，严厉打击各类破坏野生动植物资源的违法犯罪活动。通过推进生态护林员、退耕还林、特色林业产业培育，加强资源环境的管理和节能减排，基诺山森林覆盖率保持在94%以上，成了名副其实的北回归线上的绿洲。

基诺山森林一年四季郁郁葱葱，蕴藏着巨大的绿色能量。大红菌、木耳、山笋、蕨菜、紫胶、蜂蜜……都是大自然的馈赠。特别是到了大红菌采摘的季节，基诺族纷纷行动，一个人一个月就能采摘到价值一万多元的大红菌。基诺族还有特色的山货赶街日——"特呢朵"，自2015年起，每月举办两次，每到赶集日，基诺族同胞就会背着采摘的山货、

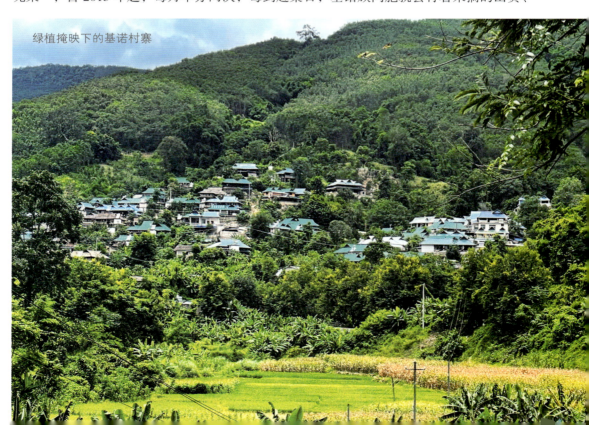

绿植掩映下的基诺村寨

基诺乡特色赶集"特呢朵"

农特产品、民族服饰、特色工艺品等到乡政府驻地沿街进行交易。人们纷纷慕名而来，总能在"特呢朵"上找到稀罕新鲜的山货特产，由此也带动了基诺族的经济发展。至 2019 年末，基诺山货赶街日共举办 130 余次，平均每场交易额约 100 万元，累计交易额近亿元。基诺族群众的绿水青山成了产业兴旺的金山银山，绿色生态成了基诺族人民发展致富的重要支撑。

民族文化，传四海

在长期的历史发展过程中，基诺族创造了独具特色、丰富多彩的民族文化，支撑着民族的发展绵延不绝。气势恢宏的大鼓舞、悠扬的古歌、神秘的祭祀礼仪、别具一格的饮食文化、绚丽多彩的基诺服饰等，都是我国优秀传统文化的重要组成部分。目前，基诺族有国家级非物质文化遗产项目 2 项（基诺族大鼓舞、传统节日"特懋克"节），培养了何桂英、白佳林、白腊先、沙车、杰布鲁等一批批老中青传承人，传承与发扬非物质文化遗产是民族文化基因的绵延，也是民族文化血脉的赓续。

具有代表性的基诺语歌曲《奇科阿咪》荣获"中国村歌十大金曲""中国村歌好声音金奖""最佳作曲金奖""最佳作词金奖"等奖项。伴随着清脆的基诺族原生态乐器"奇科""布咕"高低有致的敲击声，配上男声高亢浑厚、女

省级基诺族大鼓舞非遗传承人何桂英

基诺大鼓奏响幸福声

<<<

省级基诺族大鼓舞非遗传承人白腊先

声清澈透亮的声线清唱，歌曲时而婉转、时而激荡，唱颂出新时代基诺族的民族自信，让更多人了解基诺族文化，让基诺族文化走向世界。

2021年，省级基诺族大鼓舞非遗传承人白腊先制作了一面直径超过1米的大鼓，象征着基诺族感恩党和国家的拳拳之心，被中国民族博物馆永久收藏。白腊先说："基诺族是国家确认的最后一个民族。作为直过民族，从不通电、不通车、不通水到住新房、开新车，基诺族人民过上了好日子，这与党和国家长期以来的关心关怀密不可分。没有中国共产党就没有基诺族的今天，我们一定要听党话、感党恩，永远跟党走。"

文化是经济社会发展的重要支撑。基诺族的文化旅游成为带动全乡经济发展的重要措施。"特懋克"庆典、"攸乐"贡茶产业可持续发展研讨会等各类社会文化活动形成了基诺族特有的名片。在乡村旅游政策的推动下，以民族节庆、特色赶集、基诺美食、古茶文化、刺绣文化等为主的乡村旅游、文化旅游蓬勃发展，民族团结示范村、特色旅游村（寨）扶持旅游文化逐渐形成规模。

巴飘村为景洪市"抓党建促乡村振兴"的示范点。巴飘村利用紧邻公路的区位优势，充分发掘特色旅游资源，通过紧抓社会治理来推广旅游资源和旅游景区，以创建基层社会治理现代化示范点为契机，推行政治引领、法治保障、德治为辅、自治创新、智治联防的"五治融合"全力助推乡村振兴旅游发展。如今的巴飘村和谐有序，充满活力，在党和政府的带领下，全村齐心协力，建造了具有浓郁基诺族特色的民居，挖掘基诺

国务院确认基诺族40年庆典活动（基诺乡政府供图）

特懋克节祭鼓仪式

基诺族特色织布——"砍刀布"

巴飘村及村小组所在新司土村委会党支部

"抓党建促乡村振兴"示范点巴飘村民小组

基诺大鼓奏响幸福声

族特色饮食文化，打造了规模化的农家乐，"吃在巴飘"的美誉闻名省内外。

如今的基诺族走上了生产发展、生活富裕、生态良好的可持续发展道路，处处显现出一幅幅幸福和美的动人景象。且看云南省105个特色小镇之一的"基诺风情特色小镇"项目建设，1000万元启动资金吸引了亿元资金的投资。2022年，基诺乡被列为云南省乡村振兴"百千万"示范乡镇，基诺族正与全国各族人民一起如火如荼地全面建设社会主义现代化。基诺族，未来可期！

（本文作者：徐何珊，摄影：徐何珊　杜玉亭）

云中的基诺山寨

阿昌族

美丽德宏
幸福阿昌

——阿昌族小康实录

　　阿昌族是一个有着悠久历史和璀璨文化的民族，是中华民族大家庭中的一员，属云南省特有少数民族和全国人口较少的少数民族之一。相关数据显示，中国境内阿昌族总人口为43775人。阿昌族虽然人口较少，但来源复杂，是一个多元一体的民族，历史上与景颇族、汉族、傣族、白族等民族关系密切。据历史学界考据，阿昌族源于古代的氐羌族群，与南诏、大理国时期的"寻传蛮"有直接的渊源，是多民族在长期交往和融合过程中形成的。

　　阿昌族世居于云南西部边陲，现主要分布于云南省德宏州，德宏州的阿昌族人口在全国阿昌族总人口中的占比超过70%，呈现大杂居、小聚居的特点。阿昌族集中分布在德宏州陇川县户撒阿昌族乡、梁河县囊宋阿昌族乡和九保阿昌族乡，德宏州的芒市和盈江县、保山的腾冲市和龙陵县、大理州的云龙县均有阿昌族小聚居区域。阿昌族有自己的语言，但没有文字。由于长期和汉族、傣族杂居，大多数阿昌族人兼通汉语和傣语，习用汉文和傣文。

　　阿昌族是一个勤劳勇敢的民族，千百年来他们和其他民族共同开发了祖国的西南边疆。阿昌族的社会发展

盛装的阿昌族姑娘

历史充满了艰辛坎坷。中华人民共和国成立前，阿昌族人民一直在封建领主、地主以及国民党地方统治者的残酷压迫下，世世代代过着当牛做马的屈辱生活。中国共产党带领阿昌族人民砸碎了封建压迫的桎梏，解除了贫穷的枷锁，甩掉了愚昧的羁绊。1988年初建立了陇川县户撒、梁河县囊宋和九保三个阿昌族乡，乡长及乡人大主席由阿昌族干部担任。阿昌族人民在党和国家的领导之下，积极投身社会主义建设。经过几轮人口较少的少数民族发展规划的实施，阿昌族村寨基础设施得到显著改善，农民人均纯收入快速增长，生活水平日益

中华人民共和国成立前阿昌族人民住着茅草房，生活水平低下（云南省社会科学院图书馆供图）

提高，村容村貌和村民精神面貌明显改观。云南围绕"两不愁三保障"目标，探索出了"一个民族一个行动计划、一个民族一个集团帮扶"的特色脱贫之路。2015年7月，启动了云南省烟草专卖局（公司）对口德宏州阿昌族实施整乡推进整族帮扶行动，累计投入项目资金12.46亿元，在阿昌族聚居区全面实施"基础设施、居民保障、产业增收、综合推进"四项工程，实施完成2512个帮扶项目。截至2019年底，阿昌族聚居的陇川县、梁河县实现脱贫摘帽，阿昌族贫困发生率下降至0.53%，实现了整族脱贫。

蛮旦阿昌山寨

户撒刀

百年峥嵘岁月，数不尽风雨兼程。在中国共产党的领导下，阿昌族与全国人民一道迈入了全面小康社会。

阿昌族较早接受了内地先进生产技术，有发达的农业和手工业。手工业门类有冶铁、酿酒、榨油、纺织、编制竹器和制作银器等，打制铁器和银器的历史悠久且技艺精湛。户撒阿昌族乡有远近闻名的"三宝一绝"，即户撒阿昌刀、户撒银器、户撒竹竿烟和户撒过手米线。如今，户撒刀、户撒过手米线等产业在乡村旅游中融合发展，日益壮大。户撒乡提供的数据显示，户撒刀和户撒过手米线产值各在5000万元和4000万元左右，带动就业人数分别为3000多人和2000多人。村民鼓了腰包，村寨换了新颜。

梁河地区的阿昌族擅长种植水稻，"豪安公"品牌曾号称"水稻之王"。户撒乡阿昌族种植烟草已有四百多年的历史，户撒烤烟素以烟叶厚实、烟味醇香、烟丝细腻柔软、

稻作是阿昌族的传统农业

种植烤烟

工作队讲解烟草种植技术和帮扶政策
（云南省烟草专卖局帮扶工作队供图）

色泽鲜艳、加工别致而闻名，有"户撒草烟赛重九"之说。经济发展是幸福生活的物质基础。阿昌族地区良好的农业、手工业基础再加上精准的对口帮扶，产业发展成为群众增收的压舱石。户撒、九保、曩宋3个阿昌族乡2015—2018年三年累计新增8万担烟草种植计划（1担等于50千克），烟农增加收入1.1亿元，亩均年收入3800元（1亩约等于0.0667公顷），实现了"种植一亩烟叶、脱贫一个人"的目标。2021年，户撒乡种植烤烟2.3万亩（约为1534公顷），收购烟叶7.109万担，实现产值1.1亿元，是全州首个产值突破亿元的乡镇。阿昌族抓好烟草产业的同时，还大力发展猪、牛、鸡、稻田鱼养殖，以及茶叶、猕猴桃种植和板鹅加工等优势特色产业，不断提高产业组织化程度，促进组建专业合作社。产业发展了，阿昌族群众就业就有了保障，项目村都有了专业合作社，有了村集体经济，收入持续稳定增长，形成了以烟叶种植为主，畜牧、水产、特色水果、优质蔬菜等产业为补充的产业布局，成为德宏州农村经济增收的亮点。

安居梦托起中国梦。阿昌族村子大多依山傍水，数十户人同居一村，房屋依地势而建，错落有致，村落中纵横的巷道，为村民你来我往、互帮互助提供了便利。龙陵县蛮旦村阿昌族赵家升一家在政策帮扶和自身努力下，拆掉旧房，重修地基，盖上了新房。新居落成，村寨邻里、亲朋好友、男男女女、老老少少，扶老携幼前来庆贺。能说会道的客人为主人家念祝词，送祝福。祝词表达着

阿昌族群众采摘猕猴桃

帮扶干部到丙岗村民小组开展培养感恩思想教育活动

阿昌族群众赵家升在政策帮扶和自身努力下，盖上了新房

绽放幸福生活　　　　　　　　　　　　　　梁河地区阿昌族群众欢度节日

美好祝愿，客人观众随声附和，阵阵鞭炮声和声声喝彩声传达着幸福的喜悦。

　　阿昌族虽然人口较少，但有丰富的传统文化。随着经济社会发生翻天覆地的变化，阿昌族被越来越多的世人所关注和了解。央视综合频道《中华民族》栏目重磅播出脱贫攻坚纪录片《阿昌人家——关璋新村的故事》，阿昌族的示范村和一些致富带头人也受到媒体不同程度的关注，激起了他们的文化自信和文化自觉。许多阿昌族地区通过开展各式各样的传承活动，来抢救、保护和传承优秀的传统文化。

　　如今，阿昌族的传统文化已融入了现代生活，呈现出一派欣欣向荣的景象。阿昌族节日庆典上的节目既有传统文化的内容，也有与时代接轨的风采。除了歌舞外，阿昌族

阿昌族群众在阿露窝罗广场载歌载舞

龙陵县阿昌族传统婚俗　　　　　　　　　　蛮旦大桥

的服饰文化、织锦技艺也得到展现。如梁河县的"阿露窝罗节"①庆典，有活袍②吟诵创世史诗《遮帕麻和遮咪麻》、集体欢跳"窝罗舞"、对唱"窝罗调"、民族器乐表演、舞狮、戏剧表演等，还有"说四句"表达感恩党的政策、祝福幸福安康等活动。

　　龙川江畔的蛮旦村阿昌族聚居地有相对稳定的文化环境，使阿昌族的民间文化、习俗礼仪、崇拜祭祀等能够在这里得到较好的保护和传承，这里的阿昌族传统文化保护区被列入云南省非物质文化遗产名录。如今，蛮旦村阿昌族人民的经济、文化、社会各项事业稳步推进，惠民政策使蛮旦村旧貌换新颜。2017年，横跨龙川江的蛮旦大桥交工验收，实现了两岸各族群众百年的"通车梦"。

　　在春暖花开、万物复苏的时节，蛮旦村阿昌族妇女穿上民族服装，欢聚在一起"蹬窝罗"③，开展丰富多彩的文体活动，共同欢度"三八"妇女节。阿昌族妇女们通过组织开展知识问答、宣传妇女健康知识、对唱山歌、丢手绢、盲人打鼓、投篮球、夹豆子、投圈圈等丰富多彩的活动，营造欢乐祥和、温馨热闹的节日氛围。阿昌族妇女之家家长石菊芬说："平时我们维持家庭也很辛苦，在节日期间，我们倡导阿昌族妇女们放下手中农活，大家聚在一起开心快乐地组织活动。我们所处的时代快速发展，知识不断更新，科技进步日新月异，鼓励大家要不断加强学习，全面提高自身素质，希望阿昌族妇女充分发挥'半边天'的作用，施展才华，建设美好家园，共创幸福生活。"

　　教育是体现一个国家和一个民族文明进步的重要内容。中华人民共和国成立前，边疆少数民族地区能够上学堂的主要是土司头人的子女，阿昌族普通民众接受学校教育的人屈指可数。中华人民共和国成立后，人民当家作主，党和政府在阿昌族地区建立了学校，从此阿昌族的教育实现了从无到有的历史性飞跃，彻底改变了过去普通民众不能接

---

① "阿露窝罗节"是阿昌族最重大的传统节日，一般在每年的3月20日左右举行。
② 活袍，梁河地区阿昌族的民间祭师，主持丧礼，祭祖、节庆等较为重大的祭祀活动。
③ 阿昌族特有的集体性舞蹈。

关璋幸福小学

阿昌族学生在崭新的教室进行开学第一课
（云南省烟草专卖局帮扶工作队供图）

受教育的现象。"努力让每一个孩子享有受教育的机会，不让一名孩子因贫失学"，这是教育精准扶贫的基本目标。建成户早幸福小学、横路幸福小学、关璋幸福小学，对农村户籍的 880 名阿昌族在校大学生每人每年给予 5000 元的助学补助……教育帮扶项目为阿昌族学子插上了追梦的翅膀。

云龙县漕涧镇仁山村，是大理州唯一的阿昌族聚居地。一位任教 18 年的乡村教师左荣彪亲身经历了这个阿昌族村教育的发展变化："过去，仁山村由于交通闭塞、基础设施落后，文化教育发展起点低，长期处于落后状态。进入 21 世纪，中央、省、州地方各级党委政府制定了一系列扶持政策，给阿昌族村带来了前所未有的发展机遇。现在，我们拥有了花园式的校园，宽敞明亮的教室，整洁卫生的学生宿舍。课堂上，老师能运用多媒体设备进行教学；

2016 年 9 月，户早幸福小学建成投入使用

美丽德宏 幸福阿昌

中国式幸福

课余时间，学生可以上网查找资料、制作课件、发送电子邮件。丰富的现代化教育资源，使民族地方教育充满生机。阿昌族教育事业的发展，折射出改革开放以来，在全面建成小康社会的道路上，我们的党决不会让一个民族掉队。"

良好的生态环境绘就了幸福生活的底色。在人居环境改善提升方面，阿昌族地区实施了道路改建、路灯安装、垃圾分类、环境绿化、文化广场扩建、村寨大门建设等一系列环境综合整治提升项目，改变了"雨天一身泥，晴天一身灰"和"晚上出门两眼黑"的生活现状，解决了村寨脏、乱、差的问题，阿昌族村寨基础设施得到了全面改善，人居环境得到全面提升。在整洁美丽的村寨环境中，人们更加珍惜如今的幸福生活。

户撒乡户早村委会来细示范村

风景如画的户撒乡芒旦村

户撒乡田园风光秀丽，生态优势凸显，民族文化绚丽多彩，历史文化底蕴深厚，交通设施便利，为发展乡村旅游奠定了基础。户撒乡正在将乡村旅游作为全乡产业发展的重要支撑，全方位打造"中国最美乡村"特色旅游品牌，举办了"阿露窝罗节"、户撒马拉松暨山地自行车赛、中缅雨林汽车摩托车越野赛等体验式活动。

阿昌族大多居住在半山半坝地区，依山傍水，与自然和谐相处，在发展经济的同时，村容村貌加快改善，绿色发展行稳致远，绿水青山的画卷更加壮美。九保乡勐科村阿昌族群众曹胜梅说："这几年乡政府为我们配备了垃圾箱，生活垃圾都定点投放到垃圾箱内，每天定时有垃圾车来拉运，环境卫生好多了。乡上和村上的干部还经常动员组织我们开展环境卫生大整治，各家各户都积极参加大扫除。现在村民的卫生意识越来越强，我们勐科村越来越美丽了！"

如今，阿昌族聚居的陇川县户撒乡、梁河县曩宋乡和九保乡，千亩连片烟叶生产示范基地一片生机；茶叶、核桃、猕猴桃蓬勃生长；猪、牛、羊、鸡养殖业方兴未艾。关璋、

户撒美景

横路、户早、潘乐等阿昌族特色村，犹如耀眼的明珠镶嵌在葱翠碧绿的德宏大地上，构成了"美丽德宏、幸福阿昌"的乡村画卷。农民群众向往的"田成方、管成网、路相通、渠相连、旱能灌、涝能排"的现代化田园生活在阿昌族村寨已成为现实，一些原来在外工作或打工的阿昌族能人纷纷返乡创业，为当地的发展发挥自己的光和热。囊宋乡关璋村青年曹明立前几年一直在沿海城市打工，2019年返乡创业，他感叹道："家乡的变化真是翻天覆地，以前想都不敢想，都是党和政府的好政策，我们才过上了这样的好日子。"他写了入党申请书，即将成为他们家的第三代共产党员。

在党的二十大召开之际，云南省德宏州陇川县、梁河县、芒市，保山市龙陵县、腾冲市，大理州云龙县等地区的阿昌族党员、村社干部、部分群众穿上民族盛装，怀着激动、兴奋和喜悦的心情，通过电视、广播、网络等形式集中收看收听党的二十大开幕盛况，聆

梁河县勐养镇干部群众收看党的二十大直播

"党的光辉照边疆 阿昌人民心向党"雕塑

听习近平总书记代表十九届中央委员会向大会所作的报告，热烈庆祝党的二十大胜利召开。

党的十九大代表、梁河县勐养镇帮盖村党总支书记曹春叶说："习近平总书记在报告中提出江山就是人民，人民就是江山。中国共产党领导人民打江山、守江山，守的是人民的心。必须坚持在发展中保障和改善民生，鼓励共同奋斗创造美好生活，不断实现人民对美好生活的向往。作为党的十九大代表、一名基层村党总支书记，我一定认真学习党的二十大精神，牢记自己的使命，在乡村振兴中努力为群众对接稳定创收的产业，为当地的发展奉献自己的力量。"

全国脱贫攻坚先进个人、九保阿昌族乡党委书记梁昌才说："党中央领导和团结全国各族人民，打赢了脱贫攻坚战，顺利实现了第一个百年奋斗目标，让广大老百姓过上了好生活，笑脸更多了，腰包更鼓了。党中央对未来五年也作出了非常科学精准的安排部署和谋划。我坚信，在未来的五年，我们的老百姓、各族群众的生活会更加富裕、幸福，我们的国家会更加强大。"

户撒乡曼捧村党总支书记、村委会主任刀发妹说："这十年来，户撒阿昌族乡在环境、交通、文化、基础设施建设等方面都得到了提升。如今我们开起了小车，住进了小洋房，生产、生活越来越便利了。作为一名村党总支书记，我将继续发挥模范带头作用，引领乡亲们永远听党话、跟党走，建设好美丽家园，维护好民族团结，守护好神圣国土，唱响新时代阿昌人民的幸福之歌。"

"党的光辉照边疆，阿昌人民喜洋洋。阿昌山寨好时光，全靠党的政策好。吃水不忘挖井人，致富不忘党恩情。"这是梁河县曩宋阿昌族乡关璋新村群众自编自唱的一首

户撒敬老院里幸福的阿昌族老人

阿昌族山歌，为了感谢党的好政策，他们将新村命名为"卑妥瓦"，"卑妥瓦"在阿昌语中寓意就是"党的光辉照耀着的地方"。村民自发在村里立起了"党的光辉照边疆，阿昌人民心向党"的雕塑。

退休干部赵家富亲历家乡的变化，感慨万千，整理编撰《芒展村简史》，记叙芒展的变迁历程，收录阿昌族人民的张张笑脸。在户撒乡，阿昌族群众用彩色稻谷在田野上种出"奋进新征程，建功新时代"的字样。如今，乡村振兴的大幕已徐徐拉开，更幸福的日子还在后头。

（本文作者：王国爱，摄影：石祖清　桂金再　刘 江　刘维斌　王国爱　杨 沐）

中国式幸福　美丽德宏 幸福阿昌

在希望的田野上，图中为阿昌族第一位博士熊顺清

傈僳族

一步千年圆梦小康
摆时歌唱幸福生活

—— 傈僳族小康实录

　　傈僳族是一个世界民族，主要分布在中国、缅甸、泰国、印度、新加坡、日本等国家和地区。中国傈僳族主要分布在西南地区的怒江、澜沧江、金沙江流域，云南省是中国傈僳族的主要聚集地，怒江、迪庆、丽江、保山、德宏、大理、楚雄、临沧、普洱、昆明等州市均有分布；四川省凉山州的西昌、德昌和攀枝花市的盐边、米易等县市亦有分布。截至2021年，全国共有傈

载歌载舞庆盛世

傈僳族人口 762996[①] 人 。傈僳族是云南省实行"直接过渡"的 8 个民族之一，该政策的施行让傈僳族一步千年，与其他直过民族一起迈入社会主义社会。20 世纪以前，傈僳族没有本民族文字，悠久的历史文化主要靠口耳相传。傈僳族能歌善舞，有"盐不吃不行，歌不唱不行"的俗语，形成了"摆时""木刮""优叶"等独具民族特色的歌种。傈僳族大多生活在山区，社会经济发展较为滞后，中华人民共和国成立以来备受党和国家领导人及各级党委政府的关心和重视。怒江州是中国唯一的傈僳族自治州，根据 2021 年第七次全国人口普查统计，全州有傈僳族 28.02 万人，怒江州是中国脱贫攻坚、全面建成小康社会的"上甘岭"和硬骨头。党的十八大以来，以怒江州为代表的傈僳族地区在决战决胜脱贫攻坚中取得了全面胜利，于 2020 年实现整族脱贫，家家户户过上小康生活。住进易地扶贫安置房，人们的生活更便捷了；修通了高速路、建成了机场，怒江上架起了无数桥梁，从此山不再高、路不再远，天堑变通途；火红的草果遍布怒江两岸，百姓的钱包鼓起来了；澜沧江、怒江流域的生态得到修复，高黎贡山国家级自然保护区得到更好的保护，数万人获得公益岗、吃上生态饭；大量的劳动力到沿海地区务工，盖新房、买新车的人越来越多……傈僳族人民实现了千年跨越，怒江大峡谷里回荡着歌唱美好生活的悠扬曲调。

怒江天堑变通途，生活更便捷

高山峡谷的地貌特征长期制约着怒江交通事业的发展，交通的滞后阻碍了傈僳族社会经济的发展。1954 年怒江傈僳族自治区（后改为州）成立时，区内没有一条公路，仅有 600 多千米的人马驿道，所有物资的运输全靠人背马驮。生活在怒江两岸的傈僳族人

美丽公路南延线

中交怒江连心桥

① 国家统计局编.中国统计年鉴 2021[M].中国统计出版社，2022。

民过江主要靠溜索和渡船，经常需要绕出数千米乃至数十千米才有人马吊桥。溜索危险且运输物资有限，渡船只能在怒江枯水季节才能通行。生活在半山腰的傈僳族同胞到山下买化肥、农具、家电等，只能靠人抬肩挑的方式运到山上。在山脚看得见山上的人家，走到那里却往往需要半天甚至一天的时间。养大的猪只能赶着下山出售，实在太肥走不动路的只好宰了吃，收获的玉米无法运到山下售卖。生了重病，离医院近的靠脊背背下山；在路途遥远的地方生了突发性疾病，只能听天由命。交通闭塞使得傈僳族人民被禁锢在山里。

党的十八大以前全州无高速公路、无机场，30%的自然村未通公路。1956年8月27日，怒江第一条公路——瓦（窑）贡（山）公路正式动工，1976年5月1日全线通车。2016年12月5日，怒江州在全省率先完成"溜索改桥"工程。中交怒江连心桥、福贡木尼玛大桥等一批跨江大桥建成，145座跨江大桥让怒江傈僳族人民过江靠溜索的日子一去不复返。2019年12月30日，纵贯怒江大峡谷南北的美丽公路全线正式通车，惠及沿线3个县（市）19个乡的30余万群众，成为推动怒江发展的振兴之路；同日，兰坪丰华通用机场正式通航，实现了怒江人民千百年来的"飞天梦"。2020年11月26日，维西至兰坪通甸的二级公路正式通车；12月30日，保（山）泸（水）高速公路建成通车，

保泸高速怒江大桥

一步千年圆梦小康，摆时歌唱幸福生活

新农村——乡村公路通到家，泸水市称杆乡赤耐乃村

彻底结束了怒江无高速公路的历史。党的十八大以来，怒江州共完成交通投资335亿元，公路里程比党的十八大前新增2645千米。截至2020年，全州行政村实现100%通硬化路、通邮、通客，自然村通硬化路率达77.16%，比全省平均水平高25.66%，群众"出行难"问题得到明显改善。至2021年底，怒江州公路总里程已达6705千米，已基本建成"通州达边"的综合交通运输网络。

在做田野调查时，有位傈僳族青年看着新铺的柏油路深情地说："傈僳族人民感谢共产党，感谢伟大祖国。看到新铺的宽阔马路，我激动得想哭，想亲吻大路。"他们家原来住在山上，只有一条逼仄、遥远的小路通往山下的集镇。在他小时候，家人每次到集镇赶街都需要天不亮就下山，到集镇买办食盐、肥皂、农具、衣服等生活物资背回山上，通常黄昏时分才能到家。大人每次采买的都是刚需物资。西瓜很重，不便于带到山上，致使他在10岁以前没吃过西瓜，一直好奇西瓜是什么味道。高山峡谷的地貌让傈僳族人民热切期盼交通的发展与改善，车开得进家、生产生活物资运得进来，草果、猪、牛、羊等产品运得出去，到镇上、城里，到州府、省会一天之内可到达……道路、航空的通达极大地改善和方便了怒江傈僳族人民的生活。

林下产业、绿色产业齐发展，收入更高

怒江州地处中缅、滇藏接合部，境内自西向东分布着担当力卡山、高黎贡山、碧罗雪山、云岭山脉，独龙江、怒江、澜沧江蜿蜒其间，形成四山夹三江的地貌构造。境内98%以上的面积为高山峡谷地貌。根据省测绘局1984年的资料，怒江州坡度在25°以

福贡县鹿马登乡傈僳族群众喜收草果

上的面积占全州总面积的 87.7%，坡度在 35° 以上的面积占 40%[①]。缺少平坦土地，不利于成规模的农业种植和大范围工业生产。怒江州下辖的 4 个县（市）在过去均为深度贫困县，包括傈僳族在内的贫困人口曾高达 26.96 万人，约占全州总人口的一半。特殊的地形地貌制约着怒江社会经济的发展，这是导致傈僳族人民长期贫困的自然环境原因。

怒江大峡谷海拔落差大，从亚热带到寒温带立体气候特征明显。高山峡谷地貌和典型的立体气候造就了怒江州丰富的生物多样性资源。"靠山吃山，靠水吃水"，当地地理环境不便于农业种植和工业生产，但高山峡谷的地形及典型的立体气候为林下产业、绿色产业的发展提供了优越的条件。怒江境内拥有草果、砂仁、姜科、花椒、香樟、木姜子、桉树、香叶天竺葵、鸢尾、香茅草等草本、木本天然香料植物 40 余种。以让怒江傈僳族人民脱贫致富、过上幸福小康生活的"金果果"——草果产业为例，怒江峡谷两岸森林茂密、土壤肥沃、气候温暖湿润，山谷坡地、林下溪边最适宜种植草果。

截至 2021 年底，怒江州香料种植面积达 144 万亩（约 96048 公顷），其中草果种植面积达 111.45 万亩（约 74337.15 公顷）。怒江草果种植面积占全国草果种植面积的 55.7%，占云南省草果种植面积的 66%。怒江州是全国草果种植面积最大的州市，截至 2021 年，挂果面积 41.4 万亩（约 27613.8 公顷），鲜果年产量 4.47 万吨。怒江州已成为全国草果的核心主产区和云南省最大的草果种植区。目前，怒江州草果产业的经济收入达 1.27 亿元，有草果生产龙头企业 6 家，直接带动沿边 3 个县市 21 个乡镇 116 个村 4.31

---

① 怒江州地方志编纂委员会办公室编. 怒江傈僳族自治州 2021 年鉴 [M]. 昆明：云南出版集团、云南科技出版社，2021:56。

泸水市大兴地镇自扁王基村傈僳族群众摘火龙果

万多户农户，16.5万人在草果飘香中增收致富。泸水市、福贡县的很多傈僳族家庭靠种草果供养出了第一个大学生，靠种草果盖了楼房、买了轿车。草果产业已成为怒江傈僳族农民群众增收脱贫的"金果果"、脱贫攻坚战中的"攻城锤"，将是当前及以后小康生活、乡村振兴的"顶梁柱"。为做大做强草果产业，国家启动怒江草果生物学与资源利用重点实验室建设，建立了2个省级、1个州级专家工作站，与科研院所、高校和企业合作，完成了草果全基因组测序工作。研发出调味品、饮品、化妆品、保健品等7个系列30余个产品，其中草果酒、草果酱、草果巧克力等8个产品已经取得SC认证（食品安全管理体系认证），草果正气茶、草果啤酒、"草果多"系列糕点等已上市销售。除怒江州外，保山市、德宏州、临沧市等州市的傈僳族亦有通过种植草果来增加收入的村寨。保山腾冲市猴桥镇猴桥村的傈僳族村民大规模种植草果，家庭每年草果收入从数万元到数十万元不等，少部分家庭收入甚至上百万。草果已成为滇西傈僳族脱贫致富、稳步小康的"金果果"。

怒江州大力发展蔬菜、中药材、茶叶等特色产业，截至2021年，全州种植蔬菜11.38万亩（约7590.46公顷），核桃207万亩（约138069公顷），云黄连、重楼等中药材30万亩（约2万公顷），水果6.4万亩（约4268.8公顷），茶叶5.8万亩（约3868.6公顷），养殖中蜂8.05万箱[1]。怒江州努力打造林下草果及漆树、中药材等绿色产业基地，全面打造以核桃、漆树为主的木本油料产业，以花椒、草果为代表的绿色香料产业，以重楼、云黄连为主的林下产业。截至2019年底，怒江州人均特色林下产业面积达9亩（约0.6公顷），林草产业总产值达22.95亿元，农民人均纯收入中林业收入近3000元[2]。为配套绿色香料产业的发展，怒江州于2019年成立了怒江州绿色香料产业研究院，开工建设怒江香料产业园区。

① 喜迎党代会 怒江：彪炳史册的峡谷奇迹 [EB/OL].[EB/OL].怒江傈僳族自治州人民政府网.https://www.nujiang.gov.cn/xxgk/015279171/info/2021-174561.html.2021-09-18/2022-11-18。
② 生态怒江 逐绿前行——怒江州推进生态文明建设综述 [EB/OL].[EB/OL].怒江傈僳族自治州人民政府网.https://www.nujiang.gov.cn/2021/0423/16367.html.2021-04-23/2022-11-18。

环境持续改善，生态保护做得更好

　　傈僳族聚居的怒江州属"三江并流"世界自然遗产腹地，境内有高黎贡山国家级自然保护区和云岭省级自然保护区，被誉为"自然地貌博物馆""生物物种基因库""具有国际意义的陆地生物多样性关键地区"和"种子植物模式标本产地"，是我国西南生态安全屏障和生物多样性宝库。全州61%的国土面积被纳入了生态红线保护范围。高黎贡山国家级自然保护区怒江片区面积3241平方千米，占高黎贡山国家级自然保护区总面积的80%。高黎贡山是中国生物多样性关键性地区，也是世界生物多样性热点地区之一，连接着世界34个生物多样性热点地区中的中国西南山地、东喜马拉雅山地和印缅地区，是全球十大濒危森林生物多样性地区之一。习近平总书记对高黎贡山的保护做过专门批示。党的十八大以来，怒江州高度重视生态文明建设和生物多样性保护工作，坚持生态优先、绿色发展，坚持高质量发展、高水平保护，高位推进、严格落实。

　　怒江州深入实施退耕还林还草、陡坡生态治理、天然林保护，实施林业产业建设、"怒江花谷"建设、"治伤疤、保生态、防返贫"生态建设等项目，加快推进怒江、澜沧江流域生态修复。2015年以来累计完成澜沧江流域生态修复23万亩（约15341公顷），澜沧江两岸生态恶化的局面基本得到控制。

新农村——泸水市大兴地镇王玛基村

新农村——兰坪县营盘镇拉古山村

新农村——泸水市六库镇苗干山村

一步千年圆梦小康，摆时歌唱幸福生活

中国式幸福

"十三五"期间，怒江州累计完成营造林建设 87.67 万亩（约 58475.9 公顷），完成义务植树 700 万株，新一轮退耕还林还草 38.67 万亩（约 25792.9 公顷），陡坡地生态治理 6 万亩（约 4002 公顷）。开展"怒江花谷"生态建设 2429.96 万株 23.77 万亩（约 15854.6 公顷），打造了 58 个花谷示范点，"治伤疤、保生态、防返贫"生态建设完成造林 5.55 万亩（约 3701.9 公顷），乡村绿化率达 48%，森林覆盖率达 78.9%。截至 2021 年底，全州共有公益林面积 1418.36 万亩（约 94.6 万公顷），占林地面积 1898.35 万亩（约 126.6 公顷）的 74.72%。全州四县市环境空气质量均达到或优于国家二级标准，大气环境质量优良率 99.7%；境内怒江、澜沧江水系监测断面水质保持在 Ⅲ 类以上；地表水环境质量达标率 100%。

2020 年 12 月，根据联合国教科文组织"人与生物圈计划"相关规定，中国人与生物圈国家委员会对云南高黎贡山世界生物圈保护区开展了第二次十年评估，认为高黎贡山世界生物圈保护区在过去的十年里，保护和发展取得了很好的成绩，社区基础设施得到了极大改善，居民人均纯收入显著提高，森林生态系统得到了良好的保护。高黎贡山森林覆盖率由 82.3% 增加到 93.7%，森林生态系统服务功能总价值从 431.42 亿元增长到 498.32 亿元，国家一级保护动物高黎贡羚牛由 300 只增加到 500 只左右，国家一级保护动物怒江金丝猴由 100 只增加到 250 只左右。近两年来，先后发现了红鬣羚、亚洲金猫、云豹等新物种及我国境内最大的 148 株滇桐群等大量物种，物种多样性保护成效显著，西南生物生态安全第一道屏障进一步筑牢。

傈僳族聚居的泸水市鲁掌镇三河村森林覆盖率达 92% 以上，是各种鸟类栖息的天堂。2019 年，三河村百鸟谷扶贫就业车间正式挂牌成立，至 2022 年有观鸟点 15 个，有效带动了包括 19 户原来被认定为建档立卡贫困户在内的 45 户农户增收。村民除了出租适宜建观鸟点的地块获取收入分红外，还通过为游客提供背包、运输、送餐、住宿、当"鸟导"等服务获取收益，每户平均每年收益 1 万多元。2016 年至 2021 年，全州共组建生态扶贫专业合作社 191 个，选聘生态护林员 31045 名，累计投入 7.26 亿元，年人均增收 1 万元。怒江州 80% 以上人口的生产

步入新生活的傈僳族群众

生活与林业密切相关，守护好绿水青山已成为吃上了"生态饭"的傈僳族人民的共识和行动。

城乡面貌大变样，生活更幸福

怒江州傈僳族分布在怒江、澜沧江沿岸，山高坡陡，地质灾害隐患点多，多属生态敏感区，交通不便，生存条件恶劣，"一方水土养不起一方人"的问题长期存在。易地扶贫搬迁是解决怒江州傈僳族生存环境恶劣、村寨极度贫困问题的"治本"之策，是全面建成小康社会的必然选择。为解决"一方水土养不起一方人"的问题，怒江州累计投入易地扶贫搬迁工程项目资金121.75亿元，建成包括怒江新城、福贡新城、兰坪新城在内的75个集中安置点，让2.68万户10.2万群众搬出大山进城入镇，帮助易地搬迁点4.92万劳动力人口转移就业。完善安置点配套功能，同步建设水、电、排污、道路等安置点配套基础设施，以及活动场所、卫生室、幼儿园、便民超市等公共服务设施，满足搬迁群众生产生活、就医就学和参加文化活动等多层次需要。

自2014年以来，怒江州先后实施5.77万户危房改造，近17万贫困群众解决了住危房问题；城镇棚户区、老旧小区改造扎实推进，美丽县城、特色小镇、美丽村庄建设取得新进展。从泸水南至贡山北的美丽公路完成绿化、美化，观景台、公共厕所星布其间，将怒江大峡谷的美丽风景有机串联。"十三五"期间，怒江州累计投入资金14.34亿元，全州28个乡（镇）卫生院、255个行政村卫生室、3个社

易地搬迁点——福贡县马吉乡锦福社区

易地搬迁点——泸水市大兴地镇维拉坝珠海社区

易地搬迁点——贡山县普拉底乡腊咱村南大门新村集中安置点

易地搬迁点——泸水市称杆乡恩感思落社区

一步千年圆梦小康，摆时歌唱幸福生活

医务人员进社区为易地搬迁群众义诊

新社区里的菜市场，方便了群众生活

扶贫车间——泸水市大练地街道和谐社区的易地搬迁群众在扶贫车间里制作棒球

学本领，创新业

区卫生服务中心全面达到贫困退出标准和脱贫攻坚成果巩固基本标准，26.95 万建档立卡贫困人口和 1.52 万"边缘人口"100% 参加城乡医保和大病保险，实际报销比例达 90% 以上。农村常住居民人均可支配收入从 2015 年的 4791 元提升到 2020 年的 7810 元。全州城乡融合发展步伐进一步加快，城镇化率由 33% 提高至 48%。

傈僳族人民感恩共产党、感谢总书记

傈僳族能够决战决胜脱贫攻坚、能够整族脱贫、能够与其他兄弟民族一道过上小康生活，其根本原因在于中国共产党的领导、在于中国特色社会主义社会的制度优势、在于党中央和总书记的亲切关怀。傈僳族聚居区的干部群众深入学习、深刻领会、认真贯彻落实习近平新时代中国特色社会主义思想，在党中央、国务院和省委、省政府的坚强领导下，在社会各界的支持帮助下，在傈僳族人民及领导干部的共同努力下，坚持以脱贫攻坚统揽经济社会发展全局，聚焦"两不愁三保障"，在脱贫致富、建设全面小康社会上取得历史性成就，实现了"千年跨越"。

在做田野调查时，无数傈僳族同胞吐露心声：傈僳族之所以能够整族脱贫，怒江之所以有现在的成就，全靠中国共产党的领导、全靠中国特色社会主义社会的制度优势、全靠总书记的关怀。能够彻底摆脱上千年的贫困枷锁，能够搬下山住进楼房，医疗、教育、就业等民生能够得到保障，能够过上幸福的小康生活，在过去不能想，也不敢想，如今全部实现了。傈僳族人民始终坚定听党话、感党恩、跟党走的信念。

（本文作者：席永财　蒋　茜，摄影：罗金合）

一步千年圆梦小康，摆时歌唱幸福生活

中国式幸福

唱支山歌给党听

傣族

村寨美 文化优 村民乐的
傣乡新生活

——傣族小康实录

　　傣族是云南特有的古老民族，学界普遍认为傣族是从古老的百越族群演变而来。傣族主要分布于怒江流域与澜沧江流域中缅和中老边境从西向南的地带，金沙江流域和红河流域有少量分布。傣族主要聚居于云南省临沧市和普洱市，散居于景东、景谷、宁洱、澜沧、新平、元江、金平等30余个县。第七次全国人口普查数据显示，傣族人口占云南少数民族总人口的8.05%，据《中国统计年鉴—2021》，傣族共有人口1329985人，是云南省人口在百万以上的6个少数民族之一。中华人民共和国成立前，西双版纳傣族地区基本上完整地保留着封建领主经济；德宏州与普洱市孟连县、临沧市耿马县

傣族人民欢度泼水节

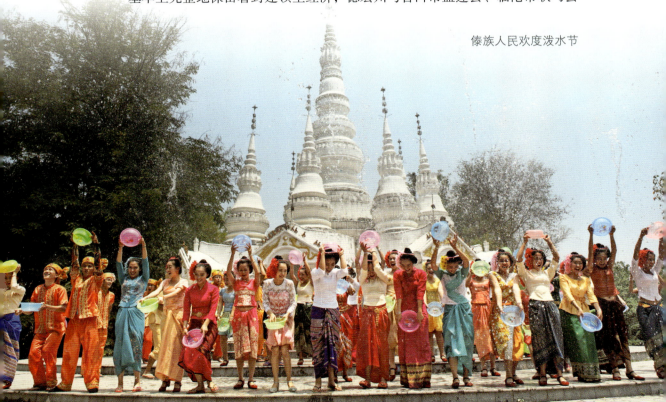

小憩

镶嵌在林间的傣家竹楼

傣寨佛塔建筑

傣族村落的佛寺建筑

稻田飘香

以及大部分傣族地区，处于封建领主向地主经济时期过渡时期；玉溪市元江县、普洱市景谷县等傣族地区，则已完全进入地主经济时期。勤劳勇敢、温和友善和热情开朗是傣族人民的符号，傣族人民大多信仰南传上座部佛教，泼水节、出夏节（出洼节）等重大节日都与佛教有关，佛教文化早已融入傣族文化中，形成独具特色的傣族文化。

傣族是稻作民族，傍水而居，其繁衍生息的坝子是江河冲积出来的水丰地肥的盆地，交错纵横的江河溪流把平坦宽阔的农田编织成一块块巨大的地毯，在亚热带丰足的日照下，吐露着稻谷的芬芳。傣族被誉为水的民族，在依山傍水之间，在田间地头之处，傣族村寨星星点点散布其间。傣乡无论是

傣寨一角

自然风光还是人文景观，都有其独特的神韵：在风中摇曳的凤尾竹，古朴的傣家竹楼，河畔溪边婀娜的傣家少女，泼水节尽情欢乐泼水的人们，在澜沧江舞动船桨拼尽全力的傣家小伙，星空中随风飘动的孔明灯……无尽的美景与水一般灵动的傣家人相互烘托，展现着傣家人幸福生活的无数美景。

殊不知曾经的傣乡经历了漫长的艰难岁月，肆虐的洪水淹没稻田，冲垮家园；疾病瘟疫侵袭着人们的生命；老鼠和蚊虫在傣家竹楼上横行；生产力水平低下、基础设施落后的傣家人长期过着贫困的生活。

中华人民共和国成立后，党和国家温暖的阳光照耀着中华大地，傣乡开启了创造幸福生活的奋斗历程，日子一天比一天更美好。党的十八大以来，以习近平同志为核心的党中央提出实现中华民族伟大复兴的奋斗目标，推出一系列重大的发展举措，强调"脱贫、全面小康、现代化，一个民族都不能少"。党的十九大以后，习近平总书记又提出了"实施乡村振兴战略"。十年来，云南省委、省政府和地方各级党委政府通过"少数民族特色村寨""民族团结进步示范村""美丽乡村""十百千万"示范工程、"现代化边境小康村"建设等一系列重大的建设项目带领各族人民摆脱贫困，迈入小康。这一切对傣乡产生巨大的共振效应，傣家人的内生动力被充分激发，幸福生活的根基不断夯实，他们依托得天独厚的自然资源和丰富多彩的人文资源，率先迈入实现全面小康的队伍，分享着"绿水青山就是金山银山"的喜悦，正在向着"产业兴旺、生态宜居、乡风文明、治理有效、生活富裕"的幸福生活全面迈进。

产业振兴是乡村振兴的重要抓手，是实现习近平总书记提出的"我们不断厚植现代化的物质基础，不断夯实人民幸福生活的物质条件，同时大力发展社会主义先进文化，加强理想信念教育，传承中华文明，促进物的全面丰富和人的全面发展"的根本遵循。傣乡各地深入挖掘自身自然资源和人文资源，发展特色产业，产业振兴的幸福之花、成功之果正在为傣家人的幸福大厦增添强有力的物质和经济保障。

从传统单一的稻作经济到以稻作为基础，引入橡胶、茶叶、甘蔗、烟草、热带水果、大棚反季蔬菜种植，与现代养殖等多种产业融合，傣乡人不断创新出如"公司＋党支部＋合作社＋农户""政府＋公司＋合作社＋农户""农旅融合＋休闲体验＋文化传承"等经营模式，打造"一乡一特""一村一品"的特色产业，让发展之路更加宽阔。

傣族纺织传承

甜蜜的产业

岁月悠悠任云卷云舒，曼龙勒村风景独好。西双版纳勐腊县曼龙勒村村民从 2013 年以来相继开办农家乐，他们精心制作出的牛干巴、菠萝饭、烤鱼、蒸鸡、炸青苔、炸牛皮、香茅草烤排骨等傣家传统生态美食，远近闻名，慕名而来的省内外游客，在一幢幢青瓦木楼中体验秀丽山水环抱、丛林翠竹掩映的民宿文化，享受宁静惬意，品味傣家人水一般的柔美与热情，淳朴与善良。在品尝美食之余，漫步乡间小道，走向果园菜地，那亲手采摘的瓜果果香诱人，令人欣喜。傣家热闹了，钱袋子也鼓起来了，人们的思想意识也更活跃了。村民们高兴地说："我们今天要为幸福生活多出点子，多出力气，不等不靠，不向政府要。"

"乡村旅游让那京火了，群众的日子也过得红红火火。"临沧市双江县的那京自然村是个仅有 37 户 175 人的傣族小村落，坐落在一个古树成林的小山丘上，傣式民居顺山势从山头向山脚层层错落，一个又一个的大小鱼塘点缀其间。村头寨神树下，一股清澈凉爽的山泉在村中的小巷间穿行。神树林

傣族非遗文化——土陶制作

一侧是个平坦的广场，老奶奶们在广场旁的茅草凉亭下卖着自己做的米凉粉、烤着糯米粑粑，还有酸酸辣辣的腌制水果，每每卖出一点，奶奶们脸上都会露出满意和友好的笑容。年轻的少妇更是手勤脚快，把现烤的肉串菜品递给那些迫不及待的小孩……广场上有一座傣式竹楼展示馆，陈列着傣家的文物和过去的生产工具和生活用具。当了27年村委会主任的何成华老伯给我们介绍道："在上世纪70年代中期，我们寨子每年缺粮3个月，南瓜当粮、苦荞当饭是常事。因为路烂，别村的人都不愿来我们这里做客，也不愿嫁到我们这里来。现在的生活太好了，党员干部头带得好，全村很团结，修路需要让出土地的人家总是二话不说。村里搞旅游，年轻人都留在村里搞农家乐，小伙子不愁娶不到媳妇，老人们也不用担心儿女们外出打工过孤单的生活了。都是党的政策好啊！"村民金正祥介绍："现在我们村正在打造乡村旅游，游客越来越多，来这里垂钓吃饭的人也很多，我家的农家乐一天最多有10多桌，少的时候也有三四桌，前几年我的年收入都在30万元以上，今年生意更火爆，收入还会更多。"2018年以来，那京村年接待游客2万多人次，创收达200余万元。

普洱市江城县整董镇曼滩寨子具有一种古朴的美，这个被列入"国家级传统村落名录"，拥有"中国少数民族特色村寨"名片的古村落，保留了完整的傣族传统干栏式建筑群，村民们坚持"如旧建新、保留特色"的发展理念，把前人留下的财富变成了活态的博物馆，展示给慕名而来的观光客。融合了稻田文化、民俗文化与饮食文化的傣家特色文化，让"魅力乡村"孕育出了"美丽经济"。

每年9月，西双版纳景洪市勐养镇曼龙岗村60余公顷的青枣相继成熟，花朵伴着果实挂满绿油油的枝头，微风送来了阵阵清香，采摘的妇女双手在树枝与箩筐间快速转

傣家美食

换，丰收的喜悦溢满脸庞。种植大户玉香满意地说："近几年，村里建起了冷库和胶筐厂，我们种植户收果、发果更方便了，赚钱更快了，日子更好过了，家家盖了新房，大部分人家还买了轿车。"连片的绿果果成了曼龙岗村乃至周边村寨致富的"金果果"。

特色村寨

用"环境美，生活好"来形容傣乡，再恰当不过了。徜徉在西双版纳勐龙镇曼飞龙村，洁净的水泥巷道把我们引向一个个农家小院。巷道两侧红色砖块砌成的齐腰的通透栅栏上，有序地装点着一盆盆鲜花，院落里的杧果树或不知名的热带水果坠弯了枝头，与盛开的花朵争奇斗艳，装饰着现代与传统融为一体的干栏式民居，楼阁亭台下各式花草盆景垂落而下，显出几分清幽淡雅。"进来坐坐吧"，女主人热情地招呼我们到她家去坐坐。坐在农家小院一侧的凉亭中，我们边品尝盛夏的水果边听女主人分享创造幸福生活的感人故事和喜悦。"这个房屋已经是我们家建的第三代新房了，很漂亮吧！现在生活好了，我们有些钱了，全寨家家户户都盖上了这种房子，傣族寨子都在建这种新房子，这些年政策好啊！共产党好啊！"满满的幸福感、获得感和安全感展现在傣家人绽开的笑脸上。

传统傣式民居

"感恩共产党，永远跟党走"石刻

生活富裕的村庄

直播幸福果

傣语"们奔"或"随奔"的意思是"如同别人一样的好"，这是傣族社会的价值取向，它激励傣族村寨内部或村寨之间向好的学习。如村寨中率先盖起的傣式洋房便成为各家各户奋斗的目标和样板。西双版纳景洪市勐龙镇的曼康弯寨较早推倒了院墙，把一座座农家小院装点成休闲花园，组合成独具特色的美丽村庄，吸引了远近村寨的村民前来参观学习，"比、学、赶、帮、超"提升居住环境在村寨间蔚然成风，一个个具有傣族风格而又独具匠心的美丽宜居乡村遍地开花，数不胜数。

德宏州芒市芒晃傣族村坐落在勐焕大金塔旁，地处城郊接合部，依山傍水，毗邻美丽的孔雀湖。芒市镇党委政府以美丽乡村建设为主题，坚持培养新型农民，倡导文明乡风，依托"百县万村"综合文化服务项目，打造了一块面积800余平方米的以社会主义核心价值观为主题的文化墙，一块面积200余平方米的展现傣族民风民俗的文化走廊，一个汉傣双语法治主题宣传广场，一条长1000米的"民心向党"示范路，在主干道粘贴汉傣双语"入党誓词"，在村内路灯上安装48面党旗、国旗，家家户户门外悬挂家风家训牌。在乡风文明建设中，相继建成的泼水文体广场、文化活动舞台、文化活动室、农家书屋不断提升了村民的生活质量。芒晃村多次组织和承办"芒晃村春节晚会"和民族节日演出等群众性文化活动；建起"德宏边疆好声音"

奋力拼搏

农村小喇叭工程，使村民能及时接收学习来自中央、省、州、市新时代声音，让党的声音飞入寻常百姓家；组建"五用""五化"宣讲队，用汉傣双语围绕党的精神、脱贫攻坚、扫黑除恶、征地拆迁、蓝天保卫战等中心工作开展宣讲，及时把党的政策宣传到家家户户，引导群众知党恩、感党恩、听党话、跟党走。

今天的芒晃村村内村外整洁卫生，家家户户清爽干净，老人脸上洋溢着微笑，儿童眼里透着希望，全村呈现出"心向党、村寨美、产业强、村风正、文化优、村民乐"的美丽幸福景象。

"要致富，先修路"，这是发展的根本理念，也是中国农村基础设施建设的重要举措。今天的傣乡，四通八达的柏油路大大缩短了空间距离。轿车、摩托车在生机勃勃的绿色大地上穿行，方便快捷地把人们带到城里，送到橡胶林、茶叶地和农田旁，成为当今傣族乡村一道亮丽的风景线，时刻展现出傣族人幸福而忙碌的生活，也悄然改变着傣族人民的生活方式。

休闲娱乐、旅游观光是当今傣家人幸福生活的普遍模式。已经放下家庭重担的傣家老人"出门看世界，走村展风采"成为一种新时尚。西双版纳勐海县傣族文化传承人康朗岩告诉我们："我不时带着傣族农村的老人团队到昆明游玩，就是为了体验中老铁路的舒适快捷。"

清澈的泉水

赛出傣家妇女的风采

象脚鼓舞

现代科技网络是今日傣家人的最爱，抖音、微信等网络平台正在缩短傣家人的时空交集，人们拍视频、发抖音在网络平台上分享节日胜景、民歌对唱、服装展示、舞蹈表演、美食佳肴……傣家人的幸福生活尽在其中，现代城市生活悄然地被傣家人接受演绎，成了他们尽情展示的窗口，给他们带来迈向更加美好幸福生活的自信。

"乡风文明、治理有效、生活富裕"既是傣家人共同奋斗的目标，也在展示着傣家人获得文明进步的满足。傣家人正在习近平总书记提出的"物质富足、精神富有是社会主义现代化的根本要求"的精神指导下，把优秀的民族文化融入中华民族文化之中，不断丰富乡村文化生活，提升精神文明建设，创建幸福快乐的现代化小康村。

曼景寨是西双版纳景洪市勐罕镇一个古老的村寨，这个有着600多年历史的古村落，古韵与现代文化生活交相映衬，相互滋养。村中百年菩提树枝繁叶茂，与红花绿树相映成趣；村寨尽头，一口百年古井敞开怀抱，为周边村民提供甘甜、洁净的井水；水泥路两旁，一幢幢傣家竹楼错落有致，干栏式木结构、小挂瓦、歇山式屋顶和交错组合的屋面，轮廓丰富的外观尽显传统韵味；村寨边，偌大的公主湖滋养着这个宁静的村寨，微风拂过，波光粼粼。穿行其间，仿佛置身一幅美丽的画卷之中，惬意舒适。这便是"云南少数民族特色村寨""中国少数民族特色村寨""中国传统村落"的最好呈现。在这里，传统文化与现代文体活动展现了当代村民的风采，乡村间的各种赛事在这里开展得红红火火。平日里，在村中的活动室和广场上，满是健身娱乐的人们，老年之家、儿童之家吸引着老年人和适龄孩子，学傣文、学绘画、唱傣歌、学傣拳、讲故事、吹葫芦丝等传统文化在娱乐中得到了传承。时尚的气排球比赛、健身操、广场舞也成了青壮年男女晚饭后的最爱。这是全面步入小康生活的傣家村寨真实画卷的缩影。无数的傣乡儿女正在祖国边疆谱写着幸福生活的巨幅篇章，他们那溢满幸福的笑脸诠释着对党和国家的无限热爱、无比感恩、无限感慨。幸福的感言不绝于耳，"共产党真好啊！种田种地政府给钱，连养个母猪都给补贴，还给医药费、养老钱。""我们老人要长命百岁，多过些幸福的日子。""生在中国真好，生在今天更好，身为中国人真幸福。"

傣乡厚重而丰富的非遗文化为中华民族文化增添光彩。在习近平总书记强调的"要坚持守正创新，推动中华优秀传统文化同社会主义社会相适应，展示中华民族的独特精神标识，更好构筑中国精神、中国价值、中国力量"的指导下，傣族非遗文化焕发出蓬勃的生命力。素有"中华傣家造纸第一村"美誉的临沧市耿马县孟定镇芒团寨就是傣族非遗文化传承保护的一个典型。"文化惠民示范村""全国少数民族特色村寨"是它今

架子孔雀舞

天的新名片。这个又被誉为中国造纸术"活化石"的村落已然成为"家家户户掌握造纸术，个个都是非遗传承人"的非遗村。2006 年，传承 600 多年的傣族手工造纸技艺被列入首批"国家级非物质文化遗产名录"，人们在非遗传承的自豪中获得文化自信，在文化自信中坚定文化传承，收获文化价值的幸福快乐。

傣乡也是傣族和周边生活的民族共有的精神家园，幸福生活与民族团结奋斗协奏曲

非遗"赞哈"传承

欢庆好日子

成为当地的主旋律，各民族间"人心归聚、精神相依"，展示出中华民族共同体意识的巨大凝聚力。

　　傣语"宾弄赛嗨"是普洱市孟连县民族团结的标识性表达，意思是"结成像亲戚一样的朋友"，一旦结成"赛嗨"，子子孙孙都是亲戚。山地民族与坝区傣族种植的农作物时令不一样，就形成了山地与坝区之间民族互相帮忙的传统，坝区的傣族收割水稻时，山上的赛嗨会来帮忙；山区赛嗨砍收甘蔗时，坝区的傣族也会上山去相助。民族节庆、家庭重大仪式，宾弄赛嗨间相互邀请；面临困难时，赛嗨首当其冲，鼎力相助。这样"有福同享，有难同当"的民族关系是民族平等、民族团结的生动写照。在孟连县像这样没有血缘关系但像亲人一样的宾弄赛嗨比比皆是，目前这里的宾弄赛嗨户已有两万多户，占全县总户数的14.08%，占傣族总户数的66%以上。这种民族间户帮户的形式已经成为傣族人和周边民族最好的交往方式，人们相互帮助、相互温暖、相互传递幸福生活的喜悦。

傣族少女

　　傣家人唱不尽的甜蜜日子，道不完的幸福生活，似鲜花绽放，如涌泉升腾，在祖国西南边陲谱写着一首首"产业兴旺、生态宜居、乡风文明、治理有效、生活富裕"的乡村振兴赞歌。沉浸在小康生活里的傣家人，沐浴着党的二十大的春风，向着第二个百年奋斗目标阔步前行，用自己勤劳的双手和智慧，创造更加幸福美好的明天。

（本文作者：刘　江　张洪杨，摄影：刘　江　杨　倩　王国爱　郭　敏，供图：玉康龙　岩俄相）

怒族

怒族达比亚
奏响"幸福曲"

——怒族小康实录

　　怒族是云南省的直过民族和人口较少的少数民族之一，具有悠久的历史。据考证，怒族先民属于古代氐羌族群中的一支，先秦至南北朝时期居住于今甘肃兰州以西、青海西宁以南一带，后来逐步跟随氐羌族群由北向南转而向西、西北方迁徙，经四川西部、南部的雅砻江、金沙江逐渐到达滇西、滇西北（今丽江、大理、保山）一带。入滇后，怒族先民中的一部分向西、西北迁移至怒江、澜沧江流域，一部分继续远迁进入今缅甸、泰国、印度等东南亚、南亚国家境内，其中缅甸北部山区的

福贡县匹河怒族乡怒族群众家庭照

克钦邦是境外怒族分布最为集中的区域。[①] 在我国，怒族主要分布在云南省怒江州的泸水市、福贡县、贡山县、兰坪县；少量分布在云南省迪庆州的维西县，以及西藏的察隅县。怒族由阿侬、怒苏、阿怒和若柔 4 个支系组成，分别对应使用阿侬语、怒苏语、阿怒语和若柔语 4 种语言。在新中国成立以前的漫长历史岁月中，怒族人民曾长期遭受统治阶级的剥削和压迫，生活困苦不堪。新中国成立以后，怒族人民

贡山县丙中洛镇双拉村的怒族青年、少女

在中国共产党百折不挠精神的引领之下，积极协同各级党委政府克服万难、顽强拼搏。经过 70 余年的艰苦奋斗，怒族于 2020 年 11 月 14 日实现整族脱贫，是云南省人口较少的少数民族中最后一个实现脱贫摘帽的民族。随着脱贫攻坚任务的全面完成，党中央和各级党委政府带领怒族群众解决了许多长期想解决而没有解决的难题，办成了许多过去想办而没有办成的大事，成功化解了困扰怒族千年的贫困难题。

整族脱贫实现二次跨越

自新中国成立以来，党和国家为怒族地区的发展倾注了大量的精力和心血，但由于受地理环境条件所限，怒族人民的生活状况难以得到实质性改善。1999 年，怒族的主要聚居地怒江州，怒族的人均纯收入为 720 元，虽在当时已是怒族历史最高水平，但仍低于全怒江州的平均水平，更远远低于全省和全国的平均水平。到 2000 年左右，怒江州的交通条件依然是群众发展生产、改善生活的首要障碍，群众过江仍旧靠溜索。儿童求学、病人就医、走亲访友只能在狭窄、崎岖的山路上行走，一不留神就会滚下悬崖。仍有约 15% 的怒族群众居住于简陋狭小的茅草屋中，约 50% 的怒族群众仍存在人畜混

① 综合参考以下资料：云南省民族学会怒族学专业委员会 . 怒族研究 [J]. 云南省民族学会怒族学专业委员会会刊 ,2018（总第 11 期）15-17；李绍恩主编 . 当代云南怒族简史 [M].云南人民出版社 ,2014:1-3；李绍恩编著 . 中华民族全书中国怒族 [M]. 宁夏人民出版社 ,2012:5-8。

怒江群众用溜索过江（云南省社会科学院图书馆供图）　福贡县匹河怒族乡群众过去居住过的房屋

居的情况。在海拔 2000 米以上的怒族居住区，群众无鞋无袜，缺垫少盖，着短袖、单衣，靠围炉取暖过冬的情形较为普遍。一般怒族家庭除了锅碗瓢盆缸桶凳以外再无他物，电视机、录音机等文化娱乐商品是绝大多数怒族群众可望而不可即的奢侈品。怒族群众的饮食结构单一，一年四季以粥为食，米饭和肉是到了年节才舍得吃的奢侈食物。[①]

从 2000 年起，国家开始重点关注包括怒族在内的人口较少的少数民族的发展问题，云南省积极响应中央号召，先于国内其他地区研究、制定和实施了一系列专项帮扶人口较少民族发展的政策、规划和措施。脱贫攻坚战全面打响后，云南再次优先把包括怒族在内的人口较少的少数民族列入脱贫攻坚先行计划，分别对 11 个"直过民族"和人口较少的少数民族制定精准脱贫方案，探索出了"一个民族聚居区一个行动计划、一个集团帮扶"的攻坚模式。对于曾是全国深度贫困"三区三州"之一的怒江州而言，脱贫攻坚无疑是一场硬仗，但包括怒族在内的各族人民没有退缩，在党和各级政府的带领下

立于泸水市维拉坝珠海社区的宣传牌

[①] 综合参考以下文献：国家民族事务委员会. 中国人口较少的民族（上、下）[M]. 新华出版社,2008；罗明军. 云南特有七个人口较少民族扶贫绩效调查研究 [M]. 中国社会科学出版社,2015；杨筑慧. 中国人口较少民族经济社会发展追踪调研报告 [M]. 学苑出版社,2016；《中国人口较少民族发展研究丛书》编委会. 中国人口较少民族经济和社会发展调查报告 [M]. 民族出版社,2017.

匹河怒族乡托坪村村民在扶贫车间接受手工编织培训
（怒江州人民政府供图）

充分发扬"怒江缺条件，但不缺精神、不缺斗志"的怒江脱贫攻坚精神和"苦干实干亲自干"的怒江脱贫攻坚作风，最终赢得了脱贫攻坚战的全面胜利。

怒江州福贡县有一个全国唯一的怒族乡"匹河怒族乡"，全乡9个行政村中有8个深度贫困村和1个一般贫困村，是怒族整族脱贫攻坚的主战场。2016年到2020年的五年间，匹河怒族乡累计减贫2139户7858人，到2020年底，全匹河怒族乡农村经济总收入达8562.4万元，农村居民人均可支配收入为7384.2元[1]。上述数据代表着怒族实现了从贫穷落后到全面小康的平稳过渡。2020年11月13日，云南省人民政府批准匹河怒族乡所隶属的福贡县等9个贫困县退出贫困县序列，次日，便向全国人民宣布怒族实现整族脱贫。如果说新中国成立之初怒族社会整体上直接从原始社会末期过渡到社会主义社会是怒族的第一次历史性跨越，那么脱贫攻坚的顺利完成就是怒族的第二次历史性跨越。

携手同行共享幸福生活

忆往昔，今天的幸福生活来之不易，这是广大干部群众团结一心、奋力拼搏所得来的结果。在匹河怒族乡，经过2016年至2020年的五年辛勤奋战，以往所存在的行路难、吃水难、用电难、通信难、上学难、就医难等问题得到历史性解决。五年内，全乡的基础设施建设突破了历史瓶颈，美丽公路全面贯通，托坪、棉谷汽车吊桥，沙瓦自然村通组公路完成建设，兰福公路、架究森林防火通道、子楞通组公路、美丽公路"绿道"、2个半山酒店等项目持续稳步推进。五年内，全乡累计实施完成农村危房改造1104户，有856户3016人易地搬迁住进安全新居。五年内，全乡累计发放临时救助384.54万元、农村低保4976.29万元、城镇低保985.20万元、特困人员救助150.1万元、孤儿补助65.6万元、边民补助1848.41万元、残疾人两项补贴148.57万元、医疗资助40.96万元、

---

① 杨丽华．2021年匹河怒族乡人民政府工作报告——在匹河怒族乡第十一届人民代表大会第五次会议第一次全体会议上[Z]．匹河怒族乡人民政府，2021-05-19。

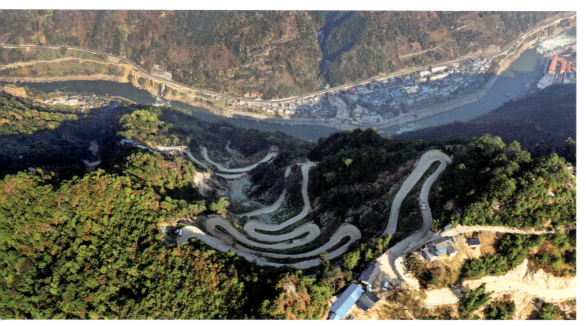

通往架究村的公路

高龄补助 87.6 万元。五年内，全乡控辍保学成果持续巩固，2 所学校办学条件持续改善，教学水平持续提高，基本医疗卫生服务水平不断提升，9 个行政村卫生室均达到标准化水平，贫困户实现应保尽保，新型农村合作医疗实现全覆盖。①

在匹河怒族乡脱贫攻坚的战场上，各方力量凝聚在一起合力攻坚，寒暑不辍、风雨无阻，倾力奉献、苦干实干，用热血诠释了忠诚担当，铸就了伟大的脱贫攻坚精神。涌现出了一大批"有情怀有血性有担当"的脱贫攻坚干部，怒族群众在广大党员、干部的带领下和其他各族群众一起在脱贫攻坚战中共同书写下了一个个筑梦、追梦、圆梦的感人故事。

经过脱贫攻坚战的重重考验，匹河怒族乡干部群众的精气神得

夜幕下的通达桥

① 杨丽华. 2021 年匹河怒族乡人民政府工作报告——在匹河怒族乡第十一届人民代表大会第五次会议第一次全体会议上 [Z]. 匹河怒族乡人民政府，2021−05−19。

贡山县丙中洛镇双拉村委
会茶腊自然村道路旁歌颂
中国共产党的宣传栏

到了历史性提振。在脱贫攻坚大考中，全乡广大干部用实际行动淬炼初心使命、践行"两个维护"，锻造了越是艰险越向前的斗争精神，凝聚了攻坚克难的磅礴伟力，创造了弥足珍贵的精神财富。人民群众自强不息、自力更生，发出了"幸福不会从天降，好日子都是奋斗出来的"最强音，说出了"感恩共产党、感谢总书记"的心底话，更加坚定了永远听党话、感党恩、跟党走的信心和决心。在指挥田安置点住着一位名叫波金山的老人，他是国家级非物质文化遗产"怒族达比亚舞"的传承人，从沙瓦村搬迁到指挥田以后，他和家人住上了新房，4个孩子就业、上学都有了保障，日子越过越好。闲暇的时候，他就走村入户，传授怒族传统歌舞，宣传党的惠民政策和民族团结进步政策，用实际行动践行"民族团结一家亲"。波金山说："没有共产党和习近平总书记的关心关怀，就没有边疆各族群众现在的幸福生活。党的民族团结政策非常好，怒江儿女要世世代代讲下去。"

怒江州各族群众在州政府办公楼前共同庆祝中国共产党成立100周年
（怒江州人民政府供图）

怒江州府所在地六库
（怒江州人民政府供图）

三峡集团在匹河怒族乡五湖安置点援建的三峡幼儿园

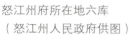

巩固成果衔接乡村振兴

在全面完成各项脱贫攻坚任务以后，根据习近平总书记的重要指示和党中央的重大决策部署，怒江州人民政府扶贫开发办公室重组为怒江州乡村振兴局。2021年6月11日，怒江州乡村振兴局正式挂牌成立，全州四县（市）同步举行挂牌仪式。调整重组后的怒江州乡村振兴局，严格按照"产业兴旺、生态宜居、乡风文明、治理有效、生活富裕"的总要求，进一步巩固拓展脱贫攻坚成果、统筹推进实施乡村振兴战略，怒族群众紧随其后，全力配合、有条不紊地开展各项工作。

自2021年以来，匹河怒族乡自觉扛稳扛牢巩固拓展脱贫攻坚成果同乡村振兴有效衔接的政治责任和历史使命，严格落实"四个不摘"要求，全面落实"一平台三机制"，常态化开展防返贫动态监测帮扶，持续抓好产业发展、就业增收，全面落实民生兜底保障，继续加大易地搬迁后续扶持力度，以更加有力的工作举措持续巩固拓展全乡脱贫成果，深入推进乡村振兴。

截至2021年底，匹河怒族乡共对纳入"三类人员"的422户1541人进行监测帮扶，通过精准帮扶，共消除风险192户830人，有效防止了规模性返贫的发生。按照"江西草果、江东茶叶、沿江特色水果"的绿色产业发展总体布局，结合"保生态、兴产业、防返贫"生态建设巩固脱贫成果行动，匹河怒族乡持续推进生态产业发展和产业结构优化调整工作。截至2021年底，全乡共有茶叶 9447 亩、草果 16179 亩。在产业发展的强有力的支撑下，人民群众的收入持续增长，全乡农村居民人均可支配收入在 2021 年达到了 8034.1 元，同比增长 8.8%。[①]以卫生县城创建为契机，匹河怒族乡持续开展"爱国卫生 7 个专项行动"提升人民群众居住环境，在全乡生态环境持续向好的同时，经济活力和发展后劲也得到了明显增强。为进一步拓宽人民群众的就业渠道，匹河怒族乡积极开展抓培训促就业、创岗位促就业、政策激励促就业等一系列工作，有效带动群众就业增收。

文化之花结出累累硕果

近年来，在各级党委政府的支持下，怒族地区积极利用自身文化资源优势，融入怒族文化元素，形成了一条集旅游产品研发、手工艺品加工、民族服饰生产、特色饮食制作、文艺演出、传统节日举办于一体的民族创意产业链，实现了优秀传统文化的价值转换和增值，在传承和保护优秀传统文化的同时也有效地推动了怒族地区的经济发展。其中，做得比较好的地区有贡山县的丙中洛镇、福贡县的匹河怒族乡。

老姆登村 150 客栈内的非遗展演

火塘边的文化传承

匹河怒族乡早在 2013 年便开始着力于深入挖掘、保护和传承怒族特色民族文化，依靠原州府所在地知子罗的区位优势，以及老姆登独特的怒族文化发展旅游业，打造了"老姆登·知子罗景区——记忆之城"，因势利导地开发了一批怒族风情浓郁的农家乐，引导有条件的农户开展以"吃怒家饭、住怒家屋、赏怒山怒水、品怒族情"为特色的"农家乐"乡村生态休闲旅游，突出浓厚的民族特色，走出了一条以游补农、以游助农、以游促农的良性发展路子。

① 杨丽华. 2021 年匹河怒族乡人民政府工作报告——在匹河怒族乡第十一届人民代表大会第五次会议第一次全体会议上 [Z]. 匹河怒族乡人民政府，2022-01-08。

行走在山间小路上的匹河怒族乡背包工作队（匹河怒族乡人民政府供图）

在匹河怒族乡的老姆登村，村民们扛着锄头靠天吃饭的日子早已一去不复返，大家一个接一个地端起了旅游业的金饭碗，村民郁伍林便是其中的佼佼者。1996 年，能歌善舞的郁伍林作为怒族代表被选派到上海中华民族园展示怒族文化。梦寐以求走出大山的他曾被上海的繁华深深地吸引过，上海的生活和工作经历也让他增长了见识，开阔了眼界。但他的心灵深处依旧深深地眷恋着家乡，于是最终选择返回家乡支持家乡的建设和发展。1999 年，远道而来的几位"背包族"夜宿于郁伍林家中，第二天走的时候在枕头下留下了一笔钱。受此启发，2001 年，郁伍林在自家老房子旁建起了拥有 8 个床位的石棉瓦房，开起了全村第一家客栈，让游客有了个落脚的地方，同时也能增加收入。2017 年，郁伍林又从银行贷款 270 万元建了第二家客栈。因为有了郁伍林的示范和带头，几年间，仅有千余人的老姆登村相继建成了近二十家客栈，村里曾经的土坯房、草房已经被一排排青砖白墙的新房和具有民族特色的篱笆房所代替。经过二十余年的发展，老姆登村客栈的住宿费已从一开始的一张床 20 元一晚涨到了一间房 260 元一晚，价格翻了 10 余倍，

老姆登村的 150 客栈

怒族达比亚奏响"幸福曲"

中国大幸福

每年的创收金额可达数百万元。回忆自己的创业经历，郁伍林说："要是没有政府的政策和扶持，个人是没有能力做到这一步的。"

保护环境擦亮生态名片

历史上怒江地区群众的主要收入来源是农业生产，因耕作水平低、管理简单粗放、生产技术粗糙，基本上处于靠天吃饭的状态，对生态环境造成了严重的破坏。"十三五"期间，怒江州以习近平总书记"绿水青山就是金山银山"的思想为指导，带领各族群众坚持走生产发展、生活富裕、生态良好的文明发展道路，正确处理经济发展与环境保护的关系，举全州之力开展"治伤疤、保生态、防返贫"生态建设巩固脱贫成果行动，使生态环境得到了进一步的修复和改善。2020年，怒江州被授予第四批国家生态文明建设示范州称号。到2020年底，怒江州生态环境状况已位居全省前列，森林覆盖率达78.08%，居全省第二位。蓝天、碧水、青山已经让怒江州成为云南省一张靓丽的生态名片。

在贡山县，土地面积有70%属"三江并流"世界自然遗产核心区，55.6%属高黎贡山国家级自然保护区。"十三五"期间，贡山县结合脱贫攻坚任务，率先推行生态护林员制、地质监测员制、路长制等机制，优先从建档立卡贫困户家庭中选聘生态护林员、地质监测员、护路员等"五大员"5711人，实现了群众家门口就业、在山上脱贫的目标。[1] 2019年11月13日，贡山县被生态环境部命名为第三批"绿水青山就是金山银山"实践创新基地。到2021年底，贡山县的森林覆盖率已达83.89%。

怒江生态护林员（怒江州人民政府供图）

到2021年底，全县的森林覆盖率为82.78%。仅匹河怒族乡，2021年全乡就累计上岗生态护林员1298人。[2] 生态护林员每月巡山不低于22天，主要负责查看、记录林区内是否有乱砍滥伐、偷猎捕猎、森林火灾等现象，并在护林员群里及时发布

① 施劲强，杨建伟，晓翔．辉煌"十三五" 开启新征程．贡山：生态环境保护硕果累累 [Z]．贡山发布，2021-03-31。

② 杨丽华．2021年匹河怒族乡人民政府工作报告——在匹河怒族乡第十一届人民代表大会第五次会议第一次全体会议上 [Z]．匹河怒族乡人民政府，2022-01-08。

巡山动态。特别是森林防火季节，各村实行联防联控机制，江东江西相互瞭望，防患于未然。未来，匹河怒族乡将持续开发生态护林员公益岗位，让贫困群众从生态建设中获取更多的收益，促使生态建设与经济社会更好地融合发展，将"群众富、生态优"的生态扶贫双赢路不断走好走深。

泸水市境内高黎贡山国家级自然保护区于 2022 年救助的怒江金丝猴

（本文作者：陈春艳，摄影：陈春艳　郁伍林　丰玉立　朱佶丽）

怒族达比亚奏响「幸福曲」

中国式幸福

在老姆登村远眺皇冠山

白族

共圆小康梦
白州谱华章

—— 白族小康实录

　　白族是我国境内历史悠久、文化较为发达的少数民族之一，是较早的水稻农耕民族。据第七次全国人口普查数据显示，中国现有白族人口2091543人，主要分布在云南、贵州、湖南等省，四川省、重庆市等地也有分布，其中云南省的白族人口最多，为1603728人。

　　历史上，多数白族聚居在平坝地区，住房以土木结构的两层瓦房为主。居住在山地的白族以畜牧业为主，洱海周边白族擅长渔业，其他地区的白族以水稻农耕为主。新中国成立以前，云南绝大部分白族地区已进入地主经济阶段，大理地区白族地主和富农占农村人口的比例低于10%，拥有70%左右的土地，剩下90%多的人口为贫农或雇农；泸水、云龙、兰坪、鹤庆等县的部分白族地区还保持着土司制度及其残余，属于封建领主经济。原碧江县和福贡县的白族支系勒墨人，保持着原始社会和家长奴隶制残余。在极不合理的封建土地制度下，白族人民所要承担的地租一般占到土地收获量的50% ~ 60%。遇到天灾歉收，农民一年的全部收获往往都不够交租。

喜洲全景

鹤庆县师弟登村，地租率超过60%。邓川西湖乡的白族农民，每年扣除交租后有60%的民众少3～6个月的口粮。剑川下沐邑村的白族，佃农一年要为地主服役一个月以上。土司统治区的勒墨农奴每年服役长达2～4个月。当时的大理白族工商业全部为私营工商业，大部分经营规模小，设备简陋，技术落后，生产效率低。新中国成立以后，大理白族地区于1951年秋实行"减租退押"，1951年11月开始土地改革。1952年，白族地区的民族工商业开始了民主改革。[①]1956年11月，大理白族自治州成立。经过社会主义改造和大规模的经济建设，云南白族地区的国民经济建设和社会事业取得了长足发展。1978年，党的十一届三中全会召开以后，大理州通过全面推进改革开放，大力发展基础设施建设，打造支柱产业，开发名特产品。在党中央、国务院的坚强领导下，历届云南省委、省政府带领全省各族人民全面建成小康社会，加快推进社会主义现代化建设。特别是党的十八大以来，习近平总书记高度重视云南发展，心系边疆各族群众，两次亲临云南考察指导，三次给云南干部群众回信，为云南发展指引方向，鼓舞和激励大理州各族群众决战决胜脱贫攻坚，为全面建成小康社会贡献智慧和力量。

特色村寨，锦上添花靓小康

大理镇龙龛村委会龙下登村的全名是龙龛下登村，南诏十一代王蒙世隆年少时在此居住过八年，他为了感谢此地村民的养育之恩，赐村名"龙龛"，并赐千顷良田让村民耕耘。龙下登村有273户，农业人口1120人，白族人口在总人口中的占比超过98%。村内地势平坦，土地肥沃，生态宜居，是大理镇田园风光保持良好的地区之一，村民多从事建

龙龛古渡，天镜海月壁

---

① 当代云南白族简史编辑委员会，李缵绪编. 当代云南白族简史 [M]. 云南人民出版社，2014:20-24,47,51。

2016 年，世界茶花大会在龙下登村举行，村民打糍粑、碾糍粑、烤糍粑招待客人

筑业及传统蔬菜种植业。最近几年，国家出台的诸多政策中，少数民族特色村寨和美丽乡村建设等政策，让村民们的生活在小康的基础上锦上添花。

龙下登村有 1100 多年的村史，村中的龙龛古渡、鸡足山七十二庵中的"海宴庵"、本主文化遗址、白族合院、白族民居建筑等保存完好，有白族民居彩绘及耍香龙传承人两人。由于龙下登村白族民居特色鲜明、旅游产业有支撑、白族文化突出、人居环境优美、民族关系和谐，2015 年，龙下登村被列入传统村落保护名录，还获得了 2015 年大理州美丽乡村示范村建设项目资金的扶持，村里的民俗文化建设、滨海广场等项目相继完成。2017 年 3 月，在大理州民宗委的推荐下，龙下登村获得国家民委"第二批少数民族特色村寨"的称号。龙下登村在各级党委政府和相关部门的大力支持下，先后投入 1000 多万元，完成了老年人活动场所、安全饮用水工程、村落污水收集管网、古渡口、旅游道路、村

龙下登村男女老幼能歌善舞，村中的歌舞最早产生于南诏、大理国时期的"踏歌"，即打歌

白族崇拜本主，龙下登的白族老年妇女在本主节时，都要唱《诵经调》，这种曲调古雅、庄重，别具地方民族特色

村民继承了有 1000 多年历史的大理洞经古乐

庄景观绿化等一大批建设项目。全村的社会事业进步，村集体经济稳步增长，村容村貌及乡村文化得到极大提升。每逢春节黄金周，全村 30 多家客栈每天接待游客达 800 多人次，每天有 2000 多人入村观光游览，村内 10 多家餐饮店生意火爆。全村直接从事乡村旅游的有 50 多户，从业人员超过 300 人。白族特色村寨的建设保护带动旅游发展产生了良好的社会效益和经济效益，为云南白族建设小康社会做了较好的示范。

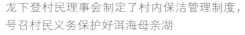

龙下登村民理事会制定了村内保洁管理制度，号召村民义务保护好洱海母亲湖

龙下登村已形成生活与生态相结合的乡村旅游格局

守正创新，接续奋斗奔小康

大理市喜洲镇周城村位于大理市北部，西靠苍山云弄峰，东临洱海桃源码头，南距大理古城 25 千米，北连著名的蝴蝶泉景区。周城村是中国最大的白族村，全村 2200 余户，人口近万人，全村 99% 的人口都是白族。由于周城村的村民世代相传扎染手工艺，1996 年，周城被文化部命名为"白族扎染艺术之乡"。

近年来，大理市喜洲镇周城村党总支按照"强党建、兴文化、树新风、促振兴"的思路，在带领群众脱贫致富、壮大村集体经济的同时，注重对民族文化、乡土文化的保护与传承，以文化培育文明乡风，建设小康社会，助推乡村振兴。在这样的大好形势下，周城村的老中青三代扎染人，守正创新，在非物质文化遗产保护传承和创新发展方面取得了优异的成绩，对促进大理经济社会发展、建设小康社会，发挥了积极的作用。

在蓝天白云下，璞真白族扎染博物馆在蓝白扎染布的映衬下显得格外漂亮

镜头一　璞真扎染——守正创新的实践者

璞真白族扎染有限公司和璞真白族扎染博物馆的创始人段树坤、段银开夫妇均出生在扎染世家。他们分别是省级和国家级白族扎染技艺代表性传承人，都获得云南省"万人计划"的"首席技师"、大理苍洱人才霞光计划"技能名匠"等称号。璞真扎染收集、整理、挖掘、抢救几近失传的传统图样1800多张、模板3600多块、传统扎染品700多件，有效留存和保护了一大批珍贵藏品。近年来，段树坤夫妇认真研究白族扎染的发展方向，积极探索合理利用白族扎染技艺这一优秀文化遗产的途径，把白族扎染博物馆、体验馆推向旅游市场。2019年，博物馆和体验馆接待国内外游客18万人次左右，年毛收入接近700万元。璞真扎染积极探索非遗与旅游融合发展的路子，拓展了白族扎染传承的范围，促进了扎染制品的销售，为社会提供固定就业岗位30多个，聘用临时扎花拆花工岗位超2000个，每年发放员工工资和扎花工价200多万元。段树坤说："虽然我们取得了

在2020年传统工艺振兴项目扎染技艺第一期培训班上，段银开与参训学员一起讨论扎染工艺

璞真扎染积极实施"宝宝"计划，与大理市的部分学校开展民族文化进校园活动

一定成绩，但我们深知在保护传承创新性发展、创造性转化、振兴传统工艺、助力乡村振兴方面任重道远，需要我们传承人担起更大的责任，为促进大理经济社会发展和乡村振兴发挥更大的作用。"

镜头二　蓝续文化——大理蓝闯出新天地

来到大理的周城扎染村旅游，路过村中摆卖着各种各样新鲜蔬菜和水果的小街，再穿过村中数不清的横七竖八的小路，偶然间发现，墙上张贴的各种各样充满文化气息的布告和通知里有一张招募学员的通知格外醒目。顺着这条线索，我们找到了蓝续文化，认识了从小生活在周城并跟着奶奶学习扎染的张翰敏。2012年，张翰敏结束了"北漂"生活回到大理，希望能够致力于大理传统文化的传承和发展。如今，张翰敏和爱人扎根家乡已十余年，他们依托大理全域和多元化文旅模式蓬勃发展的环境，围绕"绿色发展、生态为基"的核心发展理念，以白族扎染为载体，突出"LOCAL+GLOBAL"特色，通过技术、产品、价值和模式的创新，成立了大理市蓝续文化发展有限责任公司。他们积极推动"大理蓝"的国际化进程，并将扎染延展到"扎染+"，开启了大理文旅新模式的探索。

2017年，张翰敏将蓝续模式进行拓展，联手当地手艺人、新大理人田飞，创立了"薄

张翰敏站在她十余年来荣获的50多项荣誉前

蓝续和"薄技在"每年接待游客超10万人，带动创业超50人，就业超3000人

周城村20多位白族妇女成了优秀的乡村扎染、织布课程老师

技在"品牌。"薄技在"积极参与大理民族艺术中心的搭建和运营，建立了全国第一个甲马艺术馆、百工馆、喜洲老街民艺街区，集合了23种手艺，为大理民族工艺跨界跨领域的合作和融合提供了平台，引领超过20家非遗企业的发展。为了更好地培育和培养人才，蓝续文化主张从社区出发，回归社区，还建立了蓝续公益中心，通过乡建赋能、人才培育等，助力乡村振兴。

蓝续文化展示的扎染原料

生态文明，美丽乡村暖小康

　　大理市地处大理州中部，总面积 1815 平方千米，洱海水域面积 250 平方千米，占总面积的 13.7%。点苍山是大理市的主要山脉，由十九座南北走向的山峰组成，海拔 3500 米 ~ 4122 米。洱海是全国著名的淡水湖泊之一，南北长 40.5 千米，东西宽 3 千米 ~ 9 千米，蓄水量 30 亿立方米。大理市西靠苍山，东临洱海，是大理州肩负生态保护、生态文明重任的区域。2015 年 1 月 20 日，习近平总书记到大理市湾桥镇中庄村委会的古生村视察调研，高度重视古生村的建设和发展，要求大理市力争把古生村建成让人"记得住乡愁"的美丽乡村典范、中国最美乡村。

习近平总书记曾经到过的古生村李德昌家门口，希望有一天习近平总书记还来这里看看，那时候洱海的水一定更干净、更清澈

　　大理市经济社会发展的头等大事就是高水平保护洱海，坚持对大理市的山水林田湖草一体化保护和治理修复，打好蓝天、碧水、净土保卫战；培养保护生态环境人

2022 年 11 月 10 日，湾桥镇中庄村委会古生村洱海边清澈见底的湖水。在这里"望得见山，看得见水，记得住乡愁"！

中国式幸福

——云南 15 个特有少数民族小康生活实录

人有责的意识。最近十年，大理市共累计投入资金 361 亿元，实施了流域截污治污、环湖生态搬迁、"三禁四推"、生态廊道建设、海东面山绿化等重大工程。"对洱海绿线范围内 1806 户 7270 人进行生态搬迁，129 千米环洱海生态廊道全线贯通。近年来，洱海水生态、水环境持续向好，洱海水质 2020 年、2021 年连续两年被生态环境部评价为优，2022 年上半年，洱海水体透明度达 2.74 米，为近十年来最高水平。洱海流域被纳入全国第一、第二批水环境综合治理与可持续发展试点，并入选全国第二批'山水林田湖草沙'一体化保护和修复项目，洱海由'一湖之治'向'全域之治''生态之治'转变，形成了湖泊治理的'洱海案例'和'洱海经验'"。① 大理市经过多年的努力，在践行"绿水青山就是金山银山"的过程中，走出了一条生产发展、生活富裕、生态良好的高质量发展之路。

镜头一　古生村——乡愁就是你离开这个地方会想念的眷恋之情

在古生村洱海边，经过处理的水流进洱海，水质清澈洁净，让人放心

在 2022 年 11 月 19 日举办的中国生态文明论坛南昌年会上，大理市湾桥镇中庄村委会荣获"中国生态文明奖先进集体"称号

---

① 杨钰洁．奋楫扬帆破浪行，勇立潮头谱新篇．大理日报 [N]2022-09-29。

湾桥镇湾桥村委会的湾桥村位于苍山脚下，有 1203 户 4632 人，白族人口占大部分

产业振兴，能工巧匠筑小康

大理州的剑川县和鹤庆县位于大理州的最北部，特殊的地理位置和重要的交通地位使这两个县起到了沟通大理与怒江、丽江、迪庆的作用，两县地处滇西北要冲，素为战略要地，为滇西北陆路交通的咽喉重地，历史上有"全滇保障"之称。由此，这两个县处于民族文化交融的重要缓冲带，是历史上白族文化与纳西族文化、藏族文化和其他滇西北民族文化交往交流交融的前沿，是民族文化交融的典型区域。这两个县都是白族人口比例较高的地区，特别是剑川县，白族人口超过90%。大理最北部的这两个县有一个共同的特征，都是出能工巧匠的地方，剑川出木工、鹤庆出银匠，两个县的能工巧匠不分伯仲，都是白族人民、大理人民的骄傲。"党的十八大以来，两个县举全县之力、汇全县之智，想方设法实现持续长效增收，想尽办法补牢基础设施短板，努力实现公共服务全覆盖，完善健全体制机制，汇聚脱贫攻坚力量，创新举措稳定脱贫攻坚根基，扎实开展精准扶贫精准脱贫各项工作。"[①]"十四五"时期，两个县以问题为导向，结合自身实际，发挥特长优势，从产业振兴、发展电商、文旅融合等多个方面入手，有效激发全面小康内生动力，不断提升和稳定脱贫的质量和成色，共同富裕，努力实现小康梦。

镜头一　能工巧匠开神斧——剑川木雕

剑川拥有"木雕之乡"的美誉。剑川白族的木雕技艺非凡，如白族民歌所唱："雕得金龙腾空舞，镂出金鸡报五更，刻成百鸟枝头唱，雕花引蜜蜂。"唐代，剑川木匠就参与南诏五华楼木雕构件的制作；宋代，剑川木雕艺人进京献艺时曾轰动京城。当代，剑川木雕艺人创作的作品经常在全国获奖并出国展览，中国工艺美术大师段国梁两次主

狮河村的白族老人闲暇时就在月湖边弹三弦，成了木雕小镇一道美丽的人文景观

---

① 马丽芳．大理州"决胜全面建成小康社会"系列新闻发布会（鹤庆县·剑川县专场）．大理日报[N].2020-08-28。

导参与过人民大会堂云南厅的修缮工程，承接过多项大型木雕建筑工程等。张金星、杨松田被联合国教科文组织授予"民间工艺美术家"称号，制作了人民大会堂云南厅孔雀屏风、古典家具、六合门等。1996年，剑川县被文化部命名为"中国木雕艺术之乡"。2011年，剑川木雕被列入第三批国家级非物质文化遗产名录。

　　剑川昔日因木雕而名，如今因木雕而兴。近年来，为使剑川木雕产业能够得到升级和可持续发展，剑川县委、县政府从2017年开始打造以木雕产业为支撑的剑川木雕艺术小镇，使其成为西南地区最大、最具有知名度的木雕产业集散地，成为文旅深度融合特色小镇以及5A级文化旅游景区。"剑川县围绕木雕产业做文章，既实现木雕产业飞速发展，又带动大量人员就业。2019年，全县木雕产业产值达4.47亿元，带动建档立卡贫困人口360多户1200多人，真正成为群众的增收产业和致富产业。"① 如今，主要由剑川万城旅游文化投资有限公司投资的剑川木雕艺术小镇的一期工程已基本结束，小镇的二期方案也已初具雏形。剑川木雕艺术小镇包括大型木雕产品运输的物流园区，将实现集木雕加工、生产、销售、展示、交易为一体的木雕全产业链，以弘扬传统手工艺、振兴木雕产业。

　　镜头二　小锤敲过一千年，千年小康梦实现

　　"中国银器看云南，云南银器看新华。"鹤庆县草海镇的新华村是一个典型的白族聚居村落，在距今一千多年的南诏时期，新华村的先人

木雕小镇以木雕产业为本、白族文化为魂、生态水系为脉，依山傍水布局建设

木雕小镇的大师工坊和艺人工作室

大理州州级非物质文化遗产代表性传承人施家顺老师正在工作

"花开富贵"作品充分表现出鲜花怒放时花瓣层层叠叠依次盛开，而花心依然娇嫩的情形

① 中共剑川县委宣传部. 剑川：唱响多元发展幸福歌铺就脱贫攻坚小康路. 大理日报[N]. 2020-10-26。

共圆小康梦　白州谱华章

们便开始了银器的手工制作。近年来，鹤庆县委、县政府以建设"银都水乡"为目标，采取"保护＋开发"模式，依托"小锤敲过一千年"的独特优势，积极支持将鹤庆银城文化旅游开发有限责任公司投资新建的新华银器小镇打造成"中国手工银器艺术慢生活体验之都"。新华银器小镇获得的主要荣誉有"中国民间艺术之乡""中国民俗文化村"以及国家级4A级旅游景区、"云南省特色小镇"等称号。2022年，新华银器小镇被选为云南省第一批省级夜间文化和旅游消费集聚区，"鹤庆银匠"劳务品牌被评为国家级劳务品牌。在银器小镇挂牌成立的"一会三中心"，切实保障银器质量和保护旅游消费者合法权益。依托鹤庆"前店后坊""一户一品""一村一业"的银器手工加工产业格局，成立云南鹤庆银器直播基地。截至目前，银器直播基地开展培训2600余人次、服务入驻基地企业50家以上，新华银器小镇在网络上的银器卖家有142家，订单商家210户。据不完全统计，仅银器直播基地销售额就达6325万元。全县积极开展产品研发设计、研学培训，采取"高校＋文化企业＋代表性传承人"的协同创新模式，培养乡土人才，不断壮大全县银器锻制从业者队伍。目前，全县银器锻制技艺非遗传承人有82人，先后培养银器锻制技艺从业者600余人次。全县共有9个乡镇56个村3000多户10000余人从事银铜器的加工销售，年耗银400余吨，银器产品种类有2000多种，银器销售额超过30亿元。

新华银器小镇的"中国银器第一村"牌坊

寸发标团队利用四年时间设计创作的大型银雕屏风《中华民族一家亲　同心共筑中国梦》

鹤庆银器主要有饰品类、生活用品类和宗教法器类，图为银器小镇商户柜台上售卖的常见生活用品类银器商品

银器小镇的"暂坐书吧"

鹤庆当地年轻人在银器小镇创办的"一处"

2022年11月9日晚八点，银器小镇的年轻人还在作坊里敲敲打打，无论游客在旁边如何喧闹，他们每个人都依然在努力敲、细心做、专心致志地工作

民族团结，齐心协力助小康

2015年1月习近平总书记考察云南，要求云南要"努力成为我国民族团结进步示范区"。2020年1月习近平总书记再次考察云南，要求云南"不断增强边疆民族地区治理能力，努力在建设我国民族团结进步示范区上不断取得新进展"。大理州委、州政府始终牢记习近平总书记的嘱托，努力在民族团结进步示范区建设上作出示范，为建设大理小康社会奠定基础，构筑共有精神家园，培树民族团结榜样，铸牢中华民族共同体意识。大理州通过"民族团结进步示范区"的创建，在以下几个方面对全面建成小康社会起到了积极的作用：通过全面加强党的领导，完善了民族工作格局，不断提高民族地区治理能力；夯实民族地区发展根基，确保"不让一个兄弟民族掉队、不让一个民族地区落伍"；构筑共有精神家园，促进"各民族像石榴籽一样紧紧抱在一起"；统筹整合资源力量，树立各具特色的民族团结进步示范榜样；不断持续探索创新，打造建设小康社会的传播阵地。大理州将坚定不移、深入持久地将民族团结进步事业开展下去，走好文旅融合之路，走稳共同富裕之路，走赢乡村振兴之路……确保全国民族团结进步示范州通过第二轮申报命名，争创铸牢中华民族共同体意识示范州。

镜头一　最美志愿者的小康致富路

剑川白族青年李四坤近几年在国家大好政策的扶持下，认真钻研，看准了剑川白族火腿的饮食文化价值，创建了山老腿火锅。几年来，他的山老腿火锅店蒸蒸日上，取得了良好的社会效益和经济效益。2016年，李四坤被评为大理州"乡村创业脱贫好青年"和"全国先进个体工商户"。在取得成功的同时，李四坤积极从身边的小事做起，每年邀请县城100多名环卫工吃年夜饭，每年敬老节宴请家乡老人，成立"山老腿爱心奖学金"……他帮助别人从来不分哪个民族，从来不分哪里的人，他心里只有一件事——团结各个民族的兄弟姐妹。

李四坤手持奖牌在人民大会堂前留影

桑岭村坐落在剑川县东山脚下，面迎剑湖，依山傍水，风景秀丽

镜头二　党建引领强根基，融情聚力谋发展，构建和谐新桑岭

　　剑川县金华镇桑岭村主要由白族、回族、汉族三个民族组成，全村人口 1683 人，白族人口占 56%，回族人口占 38%。桑岭村民族团结历史悠久、源远流长，村民互相尊重各自宗教信仰、生活禁忌和风俗习惯。历史上，白族重读书出仕，回族善于经商，两个民族经过长期的交往交流交融，相互之间取长补短，白族也出了不少商人，而回族更有一门四代教书育人的佳话流传。改革开放四十多年来，白族、回族、汉族之间形成了政治上忠诚团结，信仰上互相尊重，经济上共谋发展的良好局面。村里人说："我们同说一种话、共饮一湖水、同穿一色衣、同住一样楼、同耕一片田、共护一群山。"开展民族团结进步示范区创建活动以来，桑岭村民族团结的优良传统不仅得到了继承和发扬，还鼓舞和激励全村群众在村党总支、村委会的带领下，以"党建引领强根基，融情聚力谋发展，构建和谐新桑岭"为目标，坚持"五个认同""三个离不开"，积极探索桑岭共同富裕模式。桑岭村通过召开村民代表大会，成立了"桑岭村红白理事会"，先后制定了《桑岭村民族团结公约》《桑岭村红白理事会章程》《桑岭村移风易俗客事从简规定》等乡规民约，家家户户和睦相处、平等对待、共同团结、共同繁荣、共同发展、共同富裕。

桑岭村白族妇女陆后繁家竖新房，回族妇女马子育给她家送花馍，以示道贺

桑岭村的"荣誉集锦"：到桑岭村荣誉室参观，总会被这里陈列的各类奖状和木雕展架震撼

桑岭村的妇女们听说村子要参加评选"少数民族特色村寨",高兴地穿上民族服装合影留念

桑岭村党支部以"党建＋古木保护"的方式,由党员率先带头认领,对古木实行党员挂牌保护,推动全村上下团结一心,保护生态,爱林护木

奇峰村坐拥万亩梨园，每到阳春三月，春风拂开了遍地梨花

镜头三　美丽乡愁看奇峰，春风十里赏梨花

奇峰村位于鹤庆县西邑镇东面，有傈僳族、白族、汉族三个民族聚居，民族风情绚丽多姿。2016 年 1 月，鹤庆县奇峰村的古树梨花在大理州众多参选项目中脱颖而出，成功入选"大理十大美丽乡愁"。奇峰村气候宜人，交通便利，植被茂密，森林覆盖率达 81%，是天然的生态氧吧。2017 年以来，奇峰村结合当地的自然风光和民风民俗，在"民族团结进步示范区建设"的推动下，拓展致富渠道，增强文旅融合，大力发展民族文化旅游项目，在开展乡村旅游方面大显身手，走出了一条美景加美食带动乡村旅游的小康之路。

奇峰村的村民除了有祖辈留下来的万亩梨园，为增加经济收入，还种上了万亩菜园

松毛堆体验式厨房是奇峰村开展乡村旅游的一大特色。在这里可以利用当地食材学习烹饪当地菜肴，游客们既品尝了美食，又体验到了烹饪的乐趣

在文化旅游节上，游客在购买当地的土特产，这些晒干的梨片和萝卜丝是游客们的最爱

奇峰村的好姐妹，她们既是家里的一把手，又是村里勤劳致富的带头人

2022 年 10 月 16 日，习近平总书记在中国共产党第二十次全国代表大会上的报告中指出："我们经过接续奋斗，实现了小康这个中华民族的千年梦想，我国发展站在了更高历史起点上。我们坚持精准扶贫、尽锐出战，打赢了人类历史上规模最大的脱贫攻坚战，全国八百三十二个贫困县全部摘帽，近一亿农村贫困人口实现脱贫，九百六十多万贫困人口实现易地搬迁，历史性地解决了绝对贫困问题，为全球减贫事业作出了重大贡献。"今天，在中国共产党的领导下，云南各族人民齐心协力，一个个中国式"小康之家"遍地开花，中国家庭的小康生活之路越走越宽、越走越长！

（本文作者：朱佶丽，供图：大理白族自治州民族宗教事务委员会　大理市璞真白族扎染有限公司　大理市蓝续文化发展有限责任公司　朱佶丽）

共圆小康梦　白州谱华章

中国式幸福

2019 年，奇峰村举办了第一届梨花文化旅游节，向游客们展示了当地丰富多彩的民族文化和美景美食

布朗族

布朗三弦弹出
蜜糖似的好日子

——布朗族小康实录

布朗族是我国古老的民族之一，布朗族有文献可考的历史从东汉（约公元 1 世纪）开始，布朗族的先民是濮人，古称百濮、濮人，后称哀牢人。布朗族是云南特有的 15 个少数民族之一，据第七次全国人口普查数据显示，布朗族总人口 127345 人，主要分布在云南省西部及西南部的西双版纳州、临沧市、普洱市、保山市等沿边州市的勐海、景洪、双江、永德、云县、耿马、澜沧、墨江和施甸等县市的山区半山区。勐海县、双江县是布朗族主要聚居地区，布朗族人口分别位列全国第一、第二。新中国成立前，

布朗族双语石刻

布朗族的社会发展很不平衡，大体可以分为两类地区：一类以居住在临沧地区和思茅地区的布朗族为代表，布朗族与其他民族杂居，出现地主经济。另一类以聚居在西双版纳布朗山、西定和巴达一带的布朗族为代表，社会分化不明显，处于原始社会末期社会形态，被称为"民族直过区"，布朗族也被称为"直过民族"。

党的十八大以来，习近平总书记分别于 2015 年、2020 年两次考察云南，提出创建全国民族团结进步示范区。云南通过民族团结进步示范创建"十百千万工程"、强边固防工作、扶持人口较少民族等扶持政策，加快民族地区发展。自 2020 年 4 月以来，云南在 25 个边境县 30 个抵边自然村开展边境小康示范村建设，涵盖西双版纳、临沧、普洱等沿边州市。2020 年 11 月 14 日，云南省布朗族等 8 个人口较少的少数民族实现"整族脱贫"。2021 年 7 月 1 日，习近平总书记在庆祝中国共产党成立 100 周年大会上指出：

布朗族姊妹花

"经过全党全国各族人民持续奋斗，我们实现了第一个百年奋斗目标，在中华大地上全面建成了小康社会，历史性地解决了绝对贫困问题，正在意气风发向着全面建成社会主义现代化强国的第二个百年奋斗目标迈进。"2021年11月，云南全面启动现代化边境小康村建设，边境沿线的布朗族群众抓住重要发展机遇，以"基础牢、产业兴、环境美、生活好、边疆稳、党建强"为目标，推进布朗族边境现代化小康村建设。布朗族聚居地区基础设施、特色产业发展、安居工程等发生显著变化，人民群众的获得感、幸福感、安全感不断提升。

政治建设

新中国成立初期，在西双版纳州境内中缅边境生活的布朗族社会分化不明显，处于原始社会末期的社会形态。布朗族是从原始社会末期跨越了奴隶社会、封建社会、资本主义社会直接过渡到社会主义社会的直过民族。在党的民族政策指引下，不论民族大小、发展程度高低，都享有宪法赋予的政治、经济、文化、社会等权利，民族区域自治制度是我国重要的政治制度，确保了各少数民族当家作主的地位。

一是建立民族自治机关。1985年，云南省临沧市

双江县布朗族妇女在制作竹筒茶

双江拉祜族佤族布朗族傣族自治县成立，自治县人民政府驻勐勐镇。双江县是我国第一个县级布朗族自治地区；1987年10月，西双版纳州勐海县布朗山布朗族乡成立；1987年10月，西双版纳州勐海县巴达布朗族哈尼族乡成立，2005年2月，与西定哈尼族乡合并为西定哈尼族布朗族乡；1988年，成立了保山市施甸县摆榔彝族布朗族乡、保山市施甸县木老元布朗族彝族乡、临沧市耿马县芒洪拉祜族布朗族乡。

云南省民族团结进步边疆繁荣稳定示范乡——布朗山乡

二是培养布朗族少数民族干部。进入新世纪以来，云南培养了一大批素质高、结构合理、德才兼备的布朗族干部。

按照《中华人民共和国民族区域自治法》和《西双版纳傣族自治州自治条例》规定，布朗族聚居的西双版纳傣族自治州，州直机关、群团组织、公检法、勐海县人民政府班子、布朗山布朗族乡、西定哈尼族布朗族乡、打洛镇、勐满镇等领导班子都配有一定比例的布朗族干部。布朗族党员干部还当选了县、州市、省乃至全国党代表，当选县、州市、省乃至全国人大代表、政协委员。

经济建设

过去，布朗族的耕地全是山地，布朗族把村寨土地划成若干片，在严格的规划下，实行砍倒烧光、轮歇耕作制，使地力得到休息，避免毫无节制地砍树烧山，以保证耕作的正常进行。一般的土地只耕种一年，丢荒十二三年，待树木重新成林后重新砍种，也就是人们常说的刀耕火种。政府进行土地综合整治，"坡改梯"后，刀耕火种的生产方式已经终结。

布朗山布朗族乡是我国唯一以布朗族命名的民族乡，2019年，全乡农业生产总值37765万元，农民人均可支配收入9232元，比上年增长12.5%。截至2021年底，布朗山乡甘蔗种植面积达5697亩（约380公顷），坚果种植面积达15764亩（约1051公顷），橡胶种植面积达59443亩（约3965公顷），茶园面积达24万亩（约16000公顷），农业生产总值从2012年的6139万元增加到2021年底的6.081亿元。

布朗族主要经济作物有茶叶、甘蔗、木薯、橡胶、云麻等。普洱茶产业是西双版纳、

过去，布朗族刀耕火种的生产方式

普洱等州市的主导产业。西双版纳州茶叶种植面积达 140 万亩（约 9.3 万公顷），有古六大茶山和新六大茶山，古六大茶山主要在景洪和勐腊，新六大茶山主要在勐海，勐海县是全国布朗族主要聚居县，普洱茶是布朗族主要产业，西双版纳州普洱茶产业每年产值 50 亿元，42 万茶农每年通过销售普洱茶的人均收入有 1.5 万元。甘蔗产业是临沧市双江县勐勐镇布朗族群众的主要产业。橡胶是西双版纳州勐海县打洛镇曼山村、曼夕村布朗族的主要产业。

　　布朗族是最早种茶的民族之一，西双版纳州、临沧市、保山市、普洱市布朗族聚居区均为普洱茶主产区。勐海县布朗山布朗族乡是普洱茶主产区之一。截至 2019 年，全乡茶叶种植面积为 26.8 万亩（约 1.8 万公顷），人均拥有茶园面积 11.6 亩（约 0.77 公顷），全乡茶叶采摘面积 16.81 万亩（约 1.1 万公顷），年产量 3484.24 吨，总产值约 14.9 亿元。茶叶已成为布朗山布朗族乡最主要的经济支柱产业，2021 年，茶叶产量超 2888 吨，总产值达 19 亿元。

幸福的曼糯村布朗族采茶女：收获的喜悦

曼纳村全貌

千年古寨章朗村寨门

　　新竜村委会曼纳村小组是一个纯布朗族村寨，全村130户525人，拥有耕地1069亩（约71.3公顷）、茶叶地4464亩（297.7公顷），因土壤、气候、海拔、生态的独特性，曼纳村的茶叶香气独特、条索肥壮、滋味醇厚，备受追捧。截至2021年底，村民人均可支配收入9137元，每户村民仅茶叶一项年收入就达7万元。

　　西定哈尼族布朗族乡章朗村是一个布朗族村寨，地处勐海县西定乡中部，与缅甸隔江相望。章朗村海拔1330米，年平均气温21℃，适合种植茶叶、粮食、甘蔗等农作物。全村共有272户1189人，耕地面积5168亩（约344.7公顷），粮食产量1137吨；茶园面积5741亩（约382.9公顷），产量220吨；甘蔗种植面积2668亩（约178公顷），产量12854吨。章朗古茶树以大气稳重著称，汤质细腻饱满，水性柔滑圆润，苦重涩轻，回甘缓慢却后劲十足，回味无穷。2019年，章朗村委会人均纯收入1.2万元，成为西定乡唯一一个人均可支配收入超过万元的行政村。章朗村相继获得"云南省文明村""云

布朗山布朗族乡政府所在地勐昂村全景

西定哈尼族布朗族乡章朗村全貌

南省爱民固边模范村""西双版纳州先进基层党组织""西双版纳州文明村""勐海县先进集体""勐海县五面红旗村"等多项荣誉称号。

章朗村委会、村小组干部及致富带头人发挥积极作用，通过成立合作社、开办特色农家乐、民宿接待，经营茶叶加工、销售和加盟线上商城等方式，以富带困，带动当地村民就业，实现村民经济增收、脱贫致富的美好愿景。

临沧市双江县勐勐镇忙乐村是一个纯布朗族聚居村寨，距离双江县县城仅 9 千米，是一个山坝接合区。忙乐村一直以来都是勐勐镇的甘蔗专业村，全村 587 户 2256 人，有种蔗农户 140 户，共种植甘蔗 1360 亩（约 90.7 公顷），甘蔗年收入 390 多万元。

在党的领导下，布朗族群众的生活发生了翻天覆地的变化，水、电、路、通信等基础设施日益完善，人民的生产、生活水平得到极大改善和提升，古茶林里的山寨和全国人民一起全面建成小康社会，奇迹般地实现了"一步千年、百年跨越"。

临沧双江布朗族茶礼

临沧市布朗族茶艺展示

景迈山古茶林

社会建设

加快推进以民生为重点的社会建设。在脱贫攻坚中，围绕"两不愁三保障"，通水、通电、通路、通广播电视、通宽带的"五通"，教育、医疗、养老、就业等全方位推进，在幼有所育、学有所教、劳有所得、病有所医、老有所养、住有所居、弱有所扶上持续用力，扶持布朗族全面发展，在布朗族聚居的县市、乡镇、行政村大力推进以民生为重点的社会建设。

教育方面。布朗山布朗族乡大力改善办学条件，实现贫困家庭学生有学上、上得好学。同时，推进布朗山九年制义务学校的建设。布朗山布朗族乡辖区设有幼儿园办学点 12 个、小学办学点 5 个，初中办学点 1 个，覆盖七个行政村 63 个村民小组，在职教师 141 名，在校学生 2563 人。

医疗方面。布朗族聚居的乡镇、行政村、村小组基本医疗、大病保险、医疗救助实现全覆盖，住院报销比例接近 90%，县级医院、乡（镇）卫生院和村级卫生室全部达标，最大限度地保障了贫困群众看得起病、看得好病。

安居工程坚持"一户一方案"，积极推行加固改造方式。村寨通过环境"绿化、美化、

勐勐镇忙乐村布朗族群众的幸福生活

亮化、净化、文化"工程，通过改圈、改厨、改厕，集中绿化、美化、亮化村镇环境，使人居环境、产业发展与自然环境相融相促，家家户户建起了小花园、小菜园、小果园、小庭院，村民实现了"出门看花、伸手摘果、弯腰摘菜、庭院创收"的美好愿景。

布朗族的小康生活以实施好公共服务提升、教育提质惠民、农民增收等为重点，持续推进教育、医疗卫生、社会保障等社会事业建设，织牢民生保障网。布朗族贫困群众饮水安全问题得到全面解决，农村基础设施全面加强，村容村貌发生了翻天覆地的变化，人民群众生活水平不断提高。

勐海县布朗山布朗族乡九年制学校

生态建设

云南布朗族大多居住在北回归线南侧的热带、亚热带生态环境良好的山区半山区，海拔在 500 米至 1500 米的山腰地带，热量丰富、气候温和，冬无严寒、夏无酷暑，

布朗族一家人

施甸县布朗族妇女在村卫生室接受诊疗

双江拉祜族佤族布朗族傣族自治县县沙河镇邦协村新式民居

打洛镇曼芽村（布朗族）村容村貌

打洛镇曼芽村布朗族民居

布朗山新面貌

布朗族节日聚餐

布朗族女青年了解互联网最新资讯

布朗三弦弹出蜜糖似的好日子

中国式幸福

多雾，雨量充沛，静风湿度大，年平均气温在 20℃左右。

西双版纳州布朗族地区有这样的传统谚语："有林才有水，有水才有田，有田才有粮，有粮才有人。"布朗族群众认为山水林田湖草是有机整体，人与自然应该和谐相处、和谐共生。布朗族生态博物馆位于西双版纳州勐海县西定乡的章朗村，该馆遵循"保护生态环境、弘扬生态文化、发展生态经济、建设生态文明"的理念和思路建设，按照"政府领导、专家指导、村民主导"的原则和方法实施。章朗是千年布朗族村寨，不仅具有良好的自然环境和人文环境，还有丰富的有形遗产和无形遗产，是原始宗教文化、佛教文化、民族民间文化和古老茶文化等多元文化的交汇区。布朗族生态博物馆承载着布朗族传统美德和文化习俗的古风古韵，以及典型的布朗族传统生产、生活方式。

"三爱"民族礼赞幸福生活

布朗族是爱茶的民族。布朗族是种植茶叶最早的民族之一。国内一些学者曾考证，布朗山种茶的历史可以追溯到 4000 多年前，布

中缅边境线上打洛江畔布朗族村寨曼芽村

蓝天下绿树环绕的邦协村

云海中的布朗族村寨

通往布朗山布朗族乡人民政府的公路

朗族先民食百草、尝百味，将大自然的馈赠收入自己的杯盏之中，茶叶便是被布朗山民最早驯化、种植和享用的瑰宝。澜沧江沿岸、怒江以西地区的布朗族先民濮人早在1800多年前就掌握了种茶的技术。随着岁月变迁，茶不仅是布朗族主要的收入来源，茶文化也融入了布朗族的血液里，真可谓"宁可三日无食、不可一日无茶"。种茶、制茶、喝茶已成为布朗族生产、生活的重要组成部分。人们把茶视为圣物珍品，用于祭祀、婚丧，或作为礼品馈赠亲朋好友。

布朗族是爱花的民族。布朗族女子喜欢把鲜花戴在自己的头上。布朗族小伙子采最美丽的鲜花去献给自己喜欢的人，当女子喜欢他时，会把鲜花戴在自己头上，表示同意婚事。

布朗族是爱弹唱的民族。布朗族弹唱是布朗族人民通过口授心记

布朗族采茶女

来传承自己民族文化的主要方式，在重大节庆、贺新房、婚丧、嫁娶时都要进行演唱，是布朗族特有的演唱方式，也是群众喜闻乐见的一种传统音乐歌舞表达方式。其唱腔圆润委婉、明亮清晰，具有独特的音调韵律，曲调欢快明朗，悦耳动听，集中体现了布朗族群众对幸福生活的憧憬和礼赞。著名的布朗族弹唱曲目有《欢乐的布朗》《布朗——爱花的民族》《太阳照亮布朗山》《歌儿更比星星多》《歌声宣传二十大》《把歌儿唱给北京》等。2008年，布朗族弹唱被列入第二批国家级非物质文化遗产代表性项目名录。

勐海县打洛镇曼山村委会曼芽村是布朗族聚居村，是云南省著名的"布朗族歌舞之乡"，布朗族弹唱国家级非遗项目代表性传承人岩瓦洛把基层党建、乡村振兴、民族团结、禁毒防艾等内容编排成弹唱歌曲，以村民喜闻乐见的演唱方式传递党和政府的声音。正如歌中所唱："布朗山上云雾飘荡，楼里溢满了浓浓的茶香，欢快的三弦已经弹响，我们的日子甜得像蜜糖……"

曼芽村布朗族民间艺人玉章英、玉香来、岩地、岩罗坎4人组成的布朗"西美组合"，通过美妙的嗓音唱出了边疆情、民族情，走出了云南，走进了央视《星光大道》，展示了布朗族独有的风采。

云南布朗族已实现了全面建成小康社会，布朗族聚居地区经济更加发展、民主

布朗族姊妹戴花

布朗族男女对唱

爱弹唱的布朗族群众

布朗族歌舞

勐海县打洛镇曼山村委会曼芽村女子布朗族弹唱

更加健全、科教更加进步、文化更加繁荣、社会更加和谐、人民生活更加殷实，已建成基础牢、产业兴、环境美、生活好、边疆稳、党建强的现代化边境小康村。

　　"党的光辉照边疆　边疆人民心向党"。党的二十大报告指出："我们深入贯彻以人民为中心的发展思想，在幼有所育、学有所教、劳有所得、病有所医、老有所养、住有所居、弱有所扶上持续用力，建成世界上规模最大的教育体系、社会保障体系、医疗卫生体系，人民群众获得感、幸福感、安全感更加充实、更有保障、更可持续，共同富裕取得新成效。"布朗族从深度贫困到总体小康，从总体小康到全面建成小康社会，得益于中国共产党的领导，得益于党的民族理论与民族政策，得益于党的几代领导人的边疆情、民族情，走出了一条中国特色解决民族问题的正确道路。

西双版纳傣族自治州勐海县西定哈尼族布朗族乡曼马村（布朗族）宣传牌

（本文作者：张志远，摄影：张志远　陈云峰　杨国勇　依　腊）

德昂族

书写幸福的
茶叶信
——德昂族小康实录

史诗中的茶叶始祖，神话里的腰箍民族

德昂族传唱已久的古歌里唱道："茶叶是德昂族的命脉，有德昂人的地方就有茶山。神奇的《古歌》代代相传，德昂人身上还飘着茶香。"走进德昂族山寨，环绕在村庄周围的一棵棵古茶树郁郁葱葱，遍布在村庄周围的山坡上连片成群。今天，德昂族被人们亲切地称为"古老的茶农"。

德昂族是我国古老民族之一，也是我国西南边疆最古老的开发者，在长期的发展过程中形成了独具特色的民族文化。其族源历史和文化主要以口头传承方式流传下来，如创世史诗《达古达楞格莱标》和《祖先创世纪》。《人类的起源》里认为德昂族是从葫芦里出来的，男人们用藤篾做成腰箍，套住出了葫芦就满天飞的妇女。

从历史上看，汉晋时期的濮人被认为是德昂族、佤族、布朗族的先民，元明时期，德昂族先民主体包含在永昌府西南地区的"蒲人""蒲蛮""朴子蛮"之中，中华人民共和国成立之后，在民族识别中被识别为"崩龙族"。1985年，根据本

德昂族妇女在茶山采茶
（来源：云南省社会科学院图书馆馆藏资料）

新中国成立初期的德昂族群众（来源：云南省社会科学院图书馆馆藏资料）

民族的意愿，并报请国务院批准，正式更名为"德昂族"。[1]

据第七次全国人口普查数据显示，中国境内的德昂族有22345人。其中有70%左右的人口分布于德宏州的潞西、梁河、盈江、瑞丽、陇川等县（市）；保山市、临沧市的镇康县、耿马县和永德县，普洱市的澜沧县也有少量分布。

德昂献上"五杯茶"，古老茶山换新貌

一杯"迎客茶"，迎来"直过"新社会

德宏州芒市茶叶箐村有600多年的建寨历史。村里的老人谈起新中国成立前小时候的生活，种种艰苦困难之状仍历历在目。据老人回忆，当时家里生活很困难，吃的粮食是芭蕉芯，穿的衣服是粗麻布，还经常吃不饱穿不暖。他八岁就去山上守谷子，从村子走到山上需要两小时。不仅如此，粮食不够吃的时候，父亲还得去找亲戚朋友想办法，妈妈在家带领兄弟四人艰难度日。这种生活一直到新中国成立后才发生了彻底改变，其中最明显的变化发生在德昂族根据党的直过政策，作为"直过民族"一步跨千年，迎来新社会之后，德昂族群众的日子就像德昂族迎送贵宾的"竹筒茶"那样，一节更比一节高。

新中国成立之时，德昂族的基本状况是人口较少（仅有6000多人），居住分散，生产力水平十分低下，教育文化非常落后，生活十分贫困，许多方面还带有非常浓厚的

---

[1]《德昂族简史》编写组．德昂族简史 [M].昆明：云南教育出版社 1986：1。

原始社会气息。

1952 年秋，云南省委、保山地委工作组进入德宏地区开展工作，工作小组到德昂族村寨后开展"做好事、交朋友"的工作，无偿地将口粮、种子、农具和耕牛送给十分贫困的德昂族群众，帮助他们恢复和发展生产。之后，在党委和政府的直接扶持帮助下德昂族直接过渡进入社会主义社会，开始了社会主义实践。[①]1953 年 7 月，德宏傣族景颇族自治区（1956 年 5 月改自治州）成立，其中德昂族代表有 12 名；在德昂族居住比较集中的州、县各级

德昂族传统茅草房
（来源：云南省社会科学院图书馆馆藏资料）

人民政府中，都有德昂族的干部，各级和全国人民代表大会也有德昂族代表参加。 1987 年 12 月，在潞西市（今芒市）三台山建立了第一个也是唯一一个单一的德昂族民族乡。1988 年 3 月，在临沧地区的耿马县建立了由佤族、拉祜族、傈僳族、德昂族联合组成的军赛民族乡。在党的领导下，德昂族与其他兄弟民族实现了政治上的平等，民族自信心得到极大增强。

新中国成立后的德昂族民族干部
（来源：云南省社会科学院图书馆馆藏资料）

过去，"直过民族"德昂族在党的领导下实现了步入社会主义的跨越，今天，在党的正确带领和民族政策的支持下，德昂族群众再次创造新的历史奇迹，实现了民族发展的第二次历史性跨越。

二杯"敬客茶"，感谢帮扶奔小康

改革开放以来，在各级政府的大力扶持下，德昂族社会生产力得到显著的提高，人民生活得到极大改善。在党的领导下，德昂族通过脱贫攻坚、精准扶贫等政策，民族经济得到极大发展，与

---

① 晓根主编，刘文光副主编．全面建设小康社会进程中的云南"直过民族"研究 [M]．北京：中国社会科学出版社，2011。

精准扶持让德昂山乡换新颜，
茶农绽放幸福笑容

其他兄弟民族实现了经济上的齐头并进，一起奔向小康。

三台山是全国唯一的德昂族乡，三台山乡拥有被列入国家级非物质文化遗产名录的《达古达楞格莱标》、德昂族博物馆和出冬瓜古村落等丰富的民族文化。2006年4月20日，上海对口扶贫德昂族发展项目在德宏州芒市三台山德昂族乡上帮村（因感谢上海帮扶而起名）正式启动。上海对口帮扶项目的实施，不仅使古老的德昂山寨旧貌换新颜，改变了德昂族群众落后的生产生、活方式，改善了德昂族群众的居住环境，更为重要的是带动了德昂族群众思想观念的转变，增强了自我发展的能力和"造血功能"。2008年4月1日，因扶持工作成效显著，时任中央政治局常委、国务院总理的温家宝同志亲临三台山乡看望德昂族、景颇族群众，指示要做好边疆民族"易地搬迁、五小水利工程和调整产业结构"三件实事，并提出了"教育是民生之基，健康是民生之本，分配是民生之源，保障是民生之安"的民生问题。

2019年，上海市对芒市三台山德昂族乡酸茶文化产业建设项目进行对口帮扶，投入720万元建设德昂酸茶体验中心，目的是保留和传承国家级非物质文化遗产——德昂族酸茶制作技艺，并以点带面，盘活全乡旅游产业及经济发展。2020年，德昂酸茶文化产业项目（一期）完工。酸茶体验中心建成后立碑"青昂阁"，意为上海青浦区及德昂族携手打造、共结情义的阁楼。①

今天，站在芒市三台山德昂族乡出冬瓜村，我们可以看到村里的道路整洁美观，新建筑和老房子参差错落，在提升农村新面貌的同时也保留了传统德昂族民居的特色。坐落在百花山上的酸茶体验中心分为上下两层，一楼为酸茶制作体验中心，二楼为酸茶品尝观景平台，其设计融合了德昂族传统民居的美学要素：轻巧流逸的四檐出水结构，德昂族特有图腾的屋身装饰，房屋周围还有观光环步道。坐在百花山顶品茶听风观景，村子对面的半山腰上，若隐若现的观光长廊盘绕在青山之间，观光长廊两侧散布着美不胜收的茶园茶林，淡淡的云雾点缀其间。青山绿，白云白，茶园飘香。围绕着观光长廊，

---

① 文字来源：微信公众号"魅力德昂山"，2021-08-27。

游客们可以在酸茶体验中心、酸茶加工房等处观看德昂族酸茶从采茶到杀青、发酵、制作成成品的一系列流程，还可以品尝和购买酸茶，充分体验德昂族茶文化特色。村民们对这些建设项目赞不绝口，竖起大拇指笑着说："三台山的上海亲戚给我们造了一个旅游的好地方，欢迎大家都来玩。"

在精准脱贫的过程中，跟着党的正确路线和基层带头人，德昂族群众斗志昂扬，一些具有地方特色的品牌落地生根。如赵腊退的酸茶品牌，李志明的德昂山泉品牌，这些品牌的创立，体现了一种积极有为、奋发向上的民族精神。虽然德昂族的民族企业目前规模都较小，处于初步发展阶段，但精神的转变才是最重要的，"星星之火，可以燎原"，是党的民族政策点燃了德昂族青年们的希望之火，让他们敢于想从前之不敢想，迈出了探索与尝试的关键一步。

德昂族茶文化历史悠久，以独特的酸茶闻名

走进三台山德昂族乡出冬瓜村4组赵自光的养牛合作社，清晨的阳光正好照进干净整洁的牛栏里，个头高大的肉牛挨在一起，放眼望去大概有五十多头。牛栏里，赵自光的妻子杨玉南刚刚打扫好牛栏，正推着一车轧碎的干草依次往食槽里倒，这些干草经过特殊的发酵，散发着淡淡的酒香味，就像眼前的幸福生活般令人陶醉。杨玉南连续几年被评为妇女致富能手。据她说，家里除了养牛场，还种植了10亩（约0.667公顷）坚果，今年坚果头年出产，每亩可收入四五千元。而养牛场每头牛的利润有3000~5000元，今年已售出24头。如此一年下来，夫妻俩可望收入15万~20万元。因为劳动，杨玉南的

勤劳的人最美丽。赵自光和杨玉南夫妇养
牛事业稳步发展，被评为"致富带头人"

"产业兴旺、生态宜居、乡风文明、治理有效、
生活富裕"的德昂山寨新面貌

脸上挂着细细的汗珠，显得分外红润，自信的微笑更为她增添了几分光彩。2015 年，夫妻俩积极争取到"党员带领群众创业致富，贷款肉牛养殖项目"贷款 30 万元，用于发展肉牛养殖，养牛技术由市、乡党委进行培训。就这样，养牛事业稳步发展起来。赵自光夫妇对党和政府充满感恩之情："没有党的好政策就没有今天，只要有可能，我们一定会努力克服困难，好好带动村里的成员一起致富。"赵自光、杨玉南夫妇是德昂族群众主动发展致富的代表，随着德昂族群众思想观念的转变，这样的致富能手越来越多，目前，全乡已形成旱内、出冬瓜、上芒岗、龙仙瓦等一批带头致富村寨，展现出良好的精神风貌。

　　国家开展脱贫攻坚以来，各种惠农政策的贯彻实施，使三台山乡产业实现了量的提升、质的飞跃。乡党委、政府坚持把基地建设与主导产业紧密结合起来，建立各具特色

出冬瓜村的德昂传统水鼓舞表演队

德昂族群众安居乐业，怡然自得

的产业开发带，积极发展循环农业。采用"间套种植""种养结合"等方式，
提升设施农业发展规模和水平，实现特色农业的高效、环保、可持续发展，
使特色产业真正成为推动德昂乡经济发展的支柱产业。

　　同时，乡党委、政府积极引导群众保护生态环境、挖掘民族文化、保
护古村落和打造民族特色村落发展文化旅游业，拓宽增收渠道。全乡产业
逐步趋向多样性、规模化发展。多数村寨建成了以养猪、养牛的庭院经济
和甘蔗、坚果等的作物经济长短结合、以短养长的初级农业产业链，为持
续发展增强了后劲。是党的脱贫攻坚政策和每一位扶贫党员干部扎扎实实
的付出，帮助德昂族人民和其他兄弟民族齐头并进，过上了幸福的新生活。

　　以前多数德昂族村寨内道路崎岖不平，雨季进入寨子，泥水中猪牛粪
便横流，难以行走。而如今的德昂族村寨，一改往日脏乱差景象，无论走
进哪个村寨，首先映入眼帘的是平坦、宽敞的村间道路，一栋栋独具德昂
族特色风格的民居，在郁郁葱葱的树林里若隐若现，一盏盏镶有德昂族图

腾的太阳能路灯，彰显出浓浓的德昂族文化意蕴。村寨美了，德昂山秀美公园的建设目标逐步实现了。

中国德昂族博物馆展示的茶叶信

三杯"贵客茶"，精神文化上台阶

新中国成立前，德昂族没有自己的学校，除了少数富裕户有能力送子女到国民小学校就读外，只有到佛寺中做和尚的男子才有机会接受传统文化教育，能进入中学学习的更是凤毛麟角，妇女根本就没有接受文化教育的权利和机会。新中国成立后，政府在德昂族地区建立了学校，适龄的德昂族男孩和女孩都平等地获得了受教育的权利和机会。通过改革开放以来的长足发展，德昂族聚居区各行政村都有完全小学，适龄儿童入学率达99%以上，充分体现了党和人民政府对德昂族教育事业发展的关心，德昂族地区的基础教育得到了切切实实的保障和发展。[1]

德昂族第一个女博士——杨晓平自2019年起在中央民族大学中国少数民族语言文学学院语言学及应用语言学专业攻读博士学位，研究方向是现代语言学，目前主要研究的就是德昂语。"德昂族只有自己的语言，没有文字，我们的历史是靠一代一代口口相传而流传下来的。"她说，作为一名德昂族儿女，想把本民族的文化和语言传承下去。

在长期的生活和劳动中，德昂族创造了许多具有本民族特色、丰富多彩的文学作品，但都属于口头文学。新中国成立后，德昂族的文学创作取得新的进步和成就。1983年，德宏州文联第一次将德昂族文学作品单独编印成册，出版了《崩龙族文学作品选》。杨忠德、李腊翁、何阿三等一批德昂族文化人成长起来。在党和国家的关心下，他们翻译和整理了大批德昂族民间文学，还创作了一些散文和小说。近年来，德昂族又涌现出董小梅、曹先强、李玉门等一批文学创作者。另外，著名的德昂族女诗人艾傈木诺，曾获全国第九届"少数民族创作骏马奖"，这是德昂族作家第一次获此殊荣。[2]

2010年，德宏州为研究、拯救、挖掘、传承德昂族历史、民风民俗，争取到了中央少数民族发展项目资金、上海对口帮扶项目的支持和省政府的支持，作为全省8个人口较少的少数民族文化遗产保护传承重点工程之一，建成了中国首个展示德昂族历史文化

---

[1]《当代云南德昂族简史》编辑委员会编. 当代云南德昂族简史[M]. 昆明：云南人民人出版社：2012。

[2] 来自网页民族文学创作－中国德昂族：http://www.guayunfan.com/baike/95427.html。

的博物馆。截至目前，馆内收藏了出土文物、古籍文献、服饰纺织、民间工艺品、生产生活用具、民间礼俗及节庆文化用品等展品300多件。

整个博物馆共有两层，一层的展厅里主要展示介绍德昂族变迁的历史资料以及德昂族人民在生产生活中的常用物件。二层展厅内展示着不同款式、不同场合穿着的德昂族男女老幼的服饰。

四杯"同心茶"，团结和谐共发展

德昂族地区把"汉族离不开少数民族、少数民族离不开汉族、各少数民族之间也互相离不开"的思想宣传贯彻到乡村，深入人心，在德昂族地区孕育出"民族团结"允欠景颇村、"美丽新农村"允欠德昂村、"抗战公路民族文化"帮弄村、"传统村落"出冬瓜村、"邻里守护"早外村、"人均万元户"早内村、"产业兴旺"卢姐萨村、"牛比人多"上帮村和帕当坝村等一批示范村。在党的带领下，德昂族人民和其他各族人民手拉手，心连心，甜甜蜜蜜共喝一杯同心茶，团结一致走向新时代。

在党的领导下，德昂族和周边各个民族和谐共处，同心共筑中国梦

五杯"亲情茶"，党是致富"主心骨"

党的爱就像妈妈一样，深沉博大。党是各族群众的领头羊，也是各族群众致富路上的主心骨。德昂族地区的党员干部充分发挥"领头羊"作用，创新试行"党支部＋党员社干＋任务"的"1+2+N"模式，详细制定党员社干"包帮带"脱贫攻坚明细表，按照"长短结合、以短养长、以长促短、长短兼顾"的发展思路，增强咖啡、坚果、西番莲等

芒市三台山德昂族乡允贝村党建展览馆　　　　　德昂族人民月双手建设自己的新生活

特色产业后发优势，做出成效后积极发挥"传帮带"的作用，带领群众共同发展致富。

在德昂村寨允欠村，我们看到了一条特殊的水泥路——"总理路"。当年，温家宝总理从这条路走进了德昂族群众的家中，关心了解德昂族群众的真实生活。从此，这条环绕村子的水泥路就被群众自发地命名为"总理路"。这条特殊的路，让我们感受到党中央和德昂族群众之间的鱼水情。徘徊在这条安静的村落小路上，不禁令人浮想联翩，久久难忘。党躬行践履，从一点一滴中切身感受百姓的疾苦，深深地弯下腰，弯到养育人民的大地之中，感受百姓流下的血与汗。党和人民之间深沉的感情正是扎根在土地之中，如茶树一般生机勃勃自然生长起来的，德昂族人民信任党，跟随党走上了小康之路。

结语：酸茶香飘幸福韵，水鼓情长颂小康

茶叶，是德昂族人民传情达意的信物，无论是赠送亲友的"亲情茶"，还是表达爱慕的"恋爱茶"，都是德昂族人民生命和感情的表达。

袅袅茶香，传递着德昂族人民的幸福新生活，以及德昂茶山翻天覆地的变化和对未来发展建设的激情满怀；酸茶片片，品出德昂族人民对新生活的热爱；水鼓声声，敲响德昂族人民心中对幸福的追求！

德昂族群众泡上一杯酸茶，敲起欢快的水鼓，跳起欢快的舞蹈，敬献远方的客人，憧憬着新一年的生活与希望

（本文作者：杨 芍，摄影：钱明富　杨帮庆　杨 芍）

独龙族

独龙族的
幸福路
——独龙族小康实录

独龙族青年（上）和独龙族文面女（下）

独龙族是我国人口较少的少数民族之一，也是云南省人口最少的民族，总人口 7310 人[1]。新中国成立后，根据本民族的意愿及周恩来总理的亲切指示，将自称"独龙"作为其民族称谓。

独龙族主要分布在云南省西北部怒江州贡山县西部的独龙江乡及丙中洛乡的小茶腊村，与之相邻的迪庆州的维西县齐乐乡和西藏察隅县察瓦龙乡等地也有少部分独龙族。

---

[1] 国家统计局 .2021 中国统计年鉴 [M]. 北京：中国统计出版社，2021。

独龙江乡的独龙族群众参加广场活动

一步千年大跨越

独龙江处于横断山脉三江并流核心区，属于"两江夹一河"的地形，山高谷深，地势险峻，自然条件恶劣。长期以来，居住在这里的独龙族生产、生活艰难，几乎与世隔绝。新中国成立前，独龙族仍然处于原始社会末期，居住在独龙江两岸半山坡夏天漏雨、冬天漏风的简易茅草房、篱笆房中，以刀耕火种、狩猎捕鱼、荒山采摘为生，粮食、盐巴、糖、油等基本生活物资稀缺，普通群众缺乏基本的教育、卫生、医疗服务。

新中国成立后，在党和政府一系列民族政策的支持下，独龙族和其他兄弟民族一起走上了共同发展的社会主义道路，基本摆脱了缺衣少药、基本生活物资极度匮乏的状态。

党的十一届三中全会以后，独龙江地区实施了安居温饱村、重点村、民族贫困乡扶贫综合开发、茅草房改造、小额贷款扶持、退耕还林及天保工程等项目，独龙族的生产、生活得到了进一步发展。

1999 年开始在独龙江实施的退耕还林政策，不仅使独龙族逐步放弃了传统的刀耕火种生产方式，退耕还林补助的大米还彻底解决了独龙族缺粮的问题。

由于群众自我发展能力弱，没有稳定的经济收入来源，大部分人吃粮基本靠返销粮、退耕还林补助粮，花钱靠农村低保，独龙族依然处于整乡、整族贫困的状态。[1]

---

[1] 数据来源于《2010—2014 年度云南省怒江州贡山县独龙江乡整乡推进独龙族整族帮扶工作总结》。

马帮驮运物资翻越雪山

藤桥上的独龙族妇女

贡山独龙族怒族自治县成立大会

独龙江乡政府（2001年）

独龙江乡政府（2021年）

位于独龙江边的巴坡村

独龙江彩虹桥

2010年启动的独龙江乡整乡推进独龙族整族帮扶工程，共计投入资金13.04亿元，用5年的时间完成了安居温饱、基础设施、产业发展、社会事业、素质提高和生态环境保护六大工程。

2014年10月，独龙江乡整乡推进独龙族整族帮扶项目，沿独龙江两岸建设的26个住房安置点全部建成，独龙族群众4132人搬入了1068套永久性框架结构安居房中。[1]安居房配套了水、电、路、广播电视网络，每户配备厨房、各类家用电器，社区配备了活动室、卫生室、篮球场、公厕和洗澡室等设施，极大地提升了独龙族群众的生活幸福感。以前，村民只有一日两餐的习惯，现在，多数家庭已经改成了一日三餐，吃得更饱、生活更健康了。在传统的独龙族饮食文化中，主要以自己种植的杂粮、根茎类植物、瓜豆类作物为主，主食以玉米饭、荞麦面、鸡脚稗、小米和旱谷为主。随着经济的发展和交通的日渐发达，村内小商店里各种加工食品琳琅满目，触手可及，传统的饮食结构也逐步发生了改变。现在独龙族主食以大米和面粉为主，家家有油有肉，吃的东西品种很多，人们逐步习惯了使用现金购置各种方便食品及工业产品。

独龙族群众说："独龙江的发展太

---

① 数据来源于《2010—2014年度云南省怒江州贡山县独龙江乡整乡推进独龙族整族帮扶工作总结》。

隔江相望献九当

快了，像飞一样。"[1] 老人们说："以前缺粮，主食是杂粮，一天只吃两顿，现在吃大米，一天想吃几顿都可以。以前只有打猎、养猪的人家才有油、有肉吃，现在家家都有了，真的好。"

2018 年底，独龙江农民人均纯收入 6122 元，同比增长 23.5%，增速远高于全省平均水平。全乡建档立卡贫困户 611 户 2297 人已全部脱贫，独龙江 6 个行政村整体脱贫出列，独龙族实现了整族脱贫。[2]

整族脱贫后的独龙族，不仅家家住新房，户户有产业，人人享有基本社会保障，还发展了草果、重楼、黄精等特色种植产业，发展了独龙牛、独龙鸡、中华蜂等养殖业。独龙族这个曾经靠刀耕火种、结绳记事、狩猎为生的民族，一跃跨千年，生产、生活发生了翻天覆地的变化，正朝着乡村振兴、幸福小康的道路稳步前进。

草果经济鼓钱袋

独龙族传统上主要种植小米、稗子、玉米、土豆、高粱、旱谷等作物，在房前屋后的菜地种植独龙芋头、山药、豆类及蔬菜。大部分人家都饲养猪、牛、羊、鸡。村民的主要生计模式是吃不饱饭的自给不自足的农业生产方式，村民经济收入来源少。

拓宽独龙族群众增收和脱贫致富的途径，让独龙族每家每户都有增收致富的产业，

① 独龙江乡人民政府网站《总书记讲过的民族团结进步故事——独龙族的昨天与今天》2020-12-03。
② 数据来源于独龙江乡提供的《2019 年独龙江乡党委工作报告》。

羊肚菌种植（独龙江乡人民政府杨时平供图）

马库村村民收获草果（独龙江乡人民政府杨时平供图）

普卡旺草果大丰收

提高经济收入水平，让群众真正过上吃穿不愁的日子，是政府的中心工作。为了解决群众经济收入来源少的问题，政府支持村民做了很多种植、养殖方面的尝试。2003年开始小面积在独龙江试种草果，村民从开始的被动种植到主动发展草果产业，陆续经历了10多年。截至2014年末，独龙江乡累计完成草果种植4万多亩（约2668公顷），较2009年末增加2万亩（约1334公顷）。

2018年底，全乡累计种植草果6.986万亩（约4660公顷），产量达1004吨，产值约743万元，种植草果人均增收1812元。2019年，人均增收2648元。

现在，草果经济已经成为独龙族群众经济收入的重要来源，是独龙族心目中的"金果果"和"绿色银行"。得益于自然条件，独龙江南部的马库、巴坡、孔当、献九当村，草果逐步成为村民的主要经济收入来源。这种产业发展与生态环境保护协调发展的方式，在保护独龙江绿水青山

独龙江草果丰收

的同时，草果经济提高了独龙族群众的经济收入，推动了独龙江脱贫攻坚工作的进程。

经过多年的努力，独龙族已经从传统的农业生产逐步转变为以草果经济为主、多种经济形式并存的生产模式。

独龙牛散养基地

孔当村丙当小组 43 岁的木新荣家种植了 60 亩（约 4 公顷）草果，是远近闻名的草果种植大户。自 2017 年开始，草果产量逐年增加，实现了较好的经济效益。同时，他还贷款大力发展养殖业，短短 5 年的时间，草果及独龙牛养殖都获得了很好的收益。在木新荣家的经济收入中，草果的收入是大头，其次是靠贷款发展的独龙牛养殖、独龙鸡养殖的收入。

2021 年，独龙江乡立足全乡资源优势，推进产业结构优化升级，打造"百里绿色经济带"，投入 1200 万元实施草果提质增效，年内产量达 2555 吨，产值约 2044 万元。

千载隔绝今朝畅

由于自然地理偏僻、社会发育程度低、经济发展严重滞后，独龙江乡一直是全国最偏远、最封闭、最贫困的乡镇之一。交通历来是独龙江乡发展的最大瓶颈。

新中国成立以前，居住在独龙江流域的独龙族到贡山县城只能靠双脚走着去。一路上要过溜索，沿着陡峭的步道，爬石崖攀天梯，翻越海拔 5000 多米的高黎贡山，来回要花半个多月的时间。1964 年政府修通了"人马驿道"，一个来回也要六七天的时间。

高黎贡山独龙江公路隧道口

独龙江隧道

独龙江公路

独龙江上的彩虹桥

1996年原交通部投资1亿多元，于1999年9月9日建成全长96.2公里的独龙江简易公路，结束了我国最后一个民族地区不通公路的历史。但公路修建在雪线之上，到了冬季冰雪封路仍然没法通车。直到2010年，总投资7.8亿元、全长79.982千米的独龙江公路工程正式开工。随着2014年高黎贡山独龙江隧道的贯通，独龙江实现了全年无障碍通车。这标志着独龙族祖祖辈辈因大雪封山而与外界隔绝的历史彻底结束。

龙元村二组80多岁的独龙族文面女江林清老奶奶说："过去公路不通的时候，我们到贡山县城一趟走路来回要一个多月，过江要用绳子吊着滑过去，还要踩着吊桥上的烂木头过江过河，脚很疼，身体很累，心里想哭啊。现在这么大的变化，我是想也想不到。"

如今，独龙江实现了村村通柏油路，组组通公路，跨江跨河有大桥的交通网络，电灯点亮了千万家，网络连起了江内外。居住在龙元村白来组80岁的独龙族老奶奶李玉秀就曾说："我们白来组80岁以上的几个老人春节见面聊天时都说，现在和过去比变化那么大，原来想都不敢想，现在的生活很幸福。"她接着说："我每天坐在家门口，看到江对岸公路上车子来来往往，觉得太方便了。"妇女们说："现在住在新房里，家里有各种电器，我们的劳动负担减轻了，出门坐汽车，不用背重物，心里有幸福的感觉。"[1] 公路、电灯、网络的普及，增加了独龙族生活的幸福感。

① 资料来源于国家社科基金项目《国家政策主导下的独龙族发展》2018年12月在云南省怒江傈僳族自治州贡山县独龙族怒族自治县独龙江乡巴坡村的田野调查。

独龙族的幸福路

自我发展新思想

新中国成立以前，独龙江社会事业发展一片空白。新中国成立以后，独龙族的社会事业得到了极大的发展，特别是2010年开始实施的整乡推进整族帮扶项目及2015年开始的精准扶贫措施，彻底解决了独龙族教育、医疗、文化活动、社会保障等一系列问题。

现在，独龙江乡实现义务教育和各村幼儿园全覆盖；落实学前2年、小学到高中12年共14年免费教育政策；乡、村两级医疗卫生工作有了质的飞跃；各村均完成村级文化活动中心建设，村级文艺活动的开展成为常态；社会保障实现兜底保障全覆盖、农村养老保险全覆盖。

在独龙族物质生活大幅提高的同时，独龙江乡树"立扶贫先扶志，扶贫必扶智"的理念，坚持输血和造血相结合，使独龙族群众的自我发展意识及自我发展能力得到了极大的提高。整族脱贫后的独龙族，精神面貌和发展观念发生了巨大的变化。昔日缺乏经营意识，不做生意、不经商的观念已悄然发生了改变，现在他们经营小商铺、跑运输、开农家乐、经营民宿，通过互联网销售蜂蜜、草果、独龙毯，以此增加经济收入，脱贫致富。

独龙族妇女也不甘落后，积极参与县、乡妇联专门针对独龙族妇女组织的种植、养殖、家政服务培训。孔当村的3名妇女和献九当村的1名妇女使用妇女循环金贷款积极创业。孔当村的肯秀全使用妇联扶持的"贷免扶补"贷款10万元开起了农家乐，自2018年6月开业以来有了稳定的经济收入。

志愿者为独龙族群众免费体检

独龙族群众参加木雕技术培训

售卖野生蜂蜜的独龙族妇女

独龙族群众厨师培训

庆祝建党 97 周年红歌比赛（独龙江乡人民政府杨时平供图）

一心跟着共产党

　　20 世纪 50 年代，党和政府针对云南省边疆地区社会形态发育程度较低的地区实施的"直接过渡"政策，使独龙族从原始社会末期直接过渡到社会主义社会。党和政府还大力培育本地独龙族干部，对农村基层政权进行改造，为独龙族实现当家作主、民族区域自治发展打下基础。

　　一直以来，独龙江乡党委政府坚持党对各项工作的全面领导，始终把基层党建贯穿于基层社会治理、强边固防的全过程中，实现了基层党组织建设与基层治理有机衔接、

独龙江乡召开基层党建和人居环境提升现场推进会

良性互动，"基层党建＋社会治理"成效显著。全乡积极开展边疆党建长廊建设、"峡谷红旗飘"工程以及基层党建规范化创建等活动，深入推进边境村寨、边境通道、爱国主义教育基地、易地扶贫搬迁集中安置点、党员活动场所、宗教活动场所统一悬挂国旗全覆盖工作。

独龙族青年参加听党话、感党恩、跟党走主题教育活动

在基层党组织的带领下，独龙族群众积极参加"听党话、感党恩、跟党走"和"自强、诚信、感恩"主题教育活动，坚定了跟着共产党走的决心。

全乡基层党组织逐步呈现出了朝气蓬勃的新气象，增强了带领群众脱贫致富奔小康的信心和决心。2021年，独龙江乡党委荣获建党100周年"全国先进基层党组织"称号。

正如独龙族群众创作的独龙"感恩歌"唱的："雪山升起了红太阳，独龙峡谷换新颜，党的政策真正好，幸福不忘共产党！"

山青水绿奔小康

2022年，独龙族女孩李玉花站上了中央电视台"闪亮的名字——最美生态护林员"发布及颁奖仪式舞台。作为全国20个荣获"最美生态护林员"称号的基层护林员，李玉花代表云南18.3万名生态护林员，接受了由中央宣传部、国家林草局、财政部、国家乡村振兴局联合颁发的"最美生态护林员"证书。"乡里还有195名像我这样

巴坡农家乐

十里桃花龙元村

来自贫困家庭的生态护林员，他们都无怨无悔地坚守在祖国边疆，守护着原始森林和峡谷，荣誉是属于他们的，我只是代表大家去领奖。"李玉花这样说道。

在党的政策关怀以及独龙族群众的努力下，如今的独龙族团结一心，干劲十足，生活过得越来越红火。村民居住在整洁明亮的安居房内，户均有 1～2 个稳定特色产业，一个公益性岗位保证了村民的稳定收入。而得益于生态保护和民族文化保护成效的生态观光、民族文化体验、生物多样性研学"三位一体"的旅游开发，增加了独龙族群众的收入，真正践行了习近平总书记提出来的"绿水青山就是金山银山"的理念。在党的正确领导下，就像总书记说的"脱贫只是第一步，更好的日子还在后头"，相信独龙族人民一定会更加努力奋斗，跟随党的脚步，过上更加幸福的好日子。

（本文作者：薛金玲　牛奕淇，摄影：薛金玲，供图：贡山独龙族怒族自治县独龙江乡人民政府）

景颇族

阔步小康路
焕颜景颇山

——景颇族小康实录

　　跟随全面建成小康社会的步伐，景颇族与其他兄弟民族一起步入了全面小康。这对于一个从原始社会跨越几个社会发展阶段走上社会主义道路后，再经过几十年发展历程的民族而言，可以说是一步千年的巨变。

　　在新中国70余年的历史进程中，景颇族是起点最低、跨越时空尺度最大的"直过民族"之一。在党的民族政策光辉照耀下，景颇族人民跨越几个社会发展形态，直接向社会主义社会过渡，社会、经济、文化发生了翻天覆地的变化，各项事业得到了突飞猛进的发展。在全面建成小康社会的奋进之路上，在党和国家的关怀下，在社会各界的帮扶和景颇族人民的奋发努力下，2019年底，德宏州的景颇族实现了整族脱贫，历史性地告别了绝对贫困。这是景颇族继"直接过渡"社会形态"千年跨越"之后，完成的物质形态的"千年跨越"，是景颇族社会历史进程中的又一个奇迹，这个奇迹是在中国共产党的正确领导，以及中国特色社会主义制度集中力量办大事的优越性下创造的，整族脱贫为景颇族人民进入全面小康社会打下了坚实的基础。

古老又年轻的民族

第七次全国人口普查数据显示，中国境内景颇族人口有 160471 人，主要居住在中国西南高黎贡山尾脉的山区里，分布在云南省德宏州的陇川、盈江、芒市、瑞丽、梁河五个县市，以及怒江州泸水市，临沧市耿马县，普洱市澜沧县和西双版纳州勐海县。德宏州是国内景颇族的主要聚集地。景颇族依据语言的不同，分为景颇、载瓦、浪峨、勒期、波拉五个支系。

景颇族是一个古老的民族。景颇族是从北方的青藏高原沿横断山脉南迁而来的民族，其族源与古氐羌人有关。唐代，景颇族的先民以"寻传蛮"见之于汉文史籍，从元代至新中国成立前，又先后出现了"峨昌""遮些""野人""山头"等名称。作为一个族群，在一个较长的时间内，景颇族没有获得官方承认的合法性的族群身份和与之相应的社会地位，更谈不上在政府帮助下获得社会经济的发展。

景颇族又是一个年轻的民族。"景颇族"这个民族称谓始于 1953 年民族识别，由本民族确定而产生。从带有歧视与贬义的"野人""山头"到"景颇族"的族名变更，可谓是景颇民族的新生。"景颇族"这一制度性族称的确立，标志着景颇族成为国家制度层面认定的民族，其在法律的层面上享受到了平等的政治权利。1953 年 7 月 24 日，德宏傣族景颇族自治区（1956 年 4 月更名为德宏傣族景颇族自治州）正式成立，景颇族人民的合法权益得到了充分的尊重和切实的保障。

20 世纪 50 年代的祭祀仪式

通过刀耕火种的方式在土地上播种

剽牛祭鬼

德宏傣族景颇族自治州第一届人民代表大会召开

"直接过渡"的样本民族

新中国的民族工作里有一个特别重要的概念——"直过民族"，这个概念跟景颇族紧密相关，景颇族是"直接过渡"政策的样本民族。

20 世纪 50 年代初，新中国从新民主主义社会向社会主义社会过渡的过程中，如何使尚停留在原始社会末期或者虽然进入阶级社会，但阶级分化不明显的少数民族，能够在社会发展程度较低的历史起点上与国内各民族共同走上社会主义道路，这是当时亟待解决的重要问题。1953 年 6 月，云南省边疆工作委员会派出调查组到潞西县（今芒市）遮放区西山景颇族聚居地区专题调查研究景颇族和类似景颇族情况的边疆其他少数民族应该采取什么方式过渡到社会主义的问题。在广泛调查的基础上，工作组客观分析了调查地区的实际情况，鉴于景颇山区及类似地区，由于土地占有不集中，阶级分化不明显，阻碍社会生产力发展的主要因素不是阶级剥削关系，而是原始氏族社会的残余和文化落后，提出了不必划分阶级和重分土地，可以通过互助合作，大力发展经济和文化，消灭原始因素和落后因素，逐步向社会主义直接过渡的方案 。[1] 这个"直接过渡"方案，在1955 年 1 月 1 日被中共中央批准，经过试点后在全国其他发展相对滞后的民族地区推行。

景颇族之所以被选为直接过渡政策出台前调查研究的样本，是由景颇族当时的社会、经济、文化发展情况决定的。景颇族的社会形态在实行"直接过渡"政策时，土地占有不集中，阶级分化不明显，刀耕火种导致生产水平极为低下和停滞，[2]教育程度低，社会发展缓慢。向社会主义社会过渡的首要任务是克服原始落后，大力发展生产力，推动社会的发展。

景颇族"直过区"三台山文化站文化服务社

---

① 中共德宏州委党史研究室编 ."直过区"呼唤第二个春天——德宏州民族"直过区"经济社会发展研究（内部资料）.2006(6):46。

②《景颇族简史》编写组 .景颇族简史 [M].北京 :民族出版社 :2008 :104。

阔步小康路

　　小康是一个具有浓厚中国气息的概念，在普通中国人的意识中，小康意味着一种经济宽裕、安稳度日的生活状态。对于从原始社会直接过渡到社会主义社会的景颇族而言，在党和国家的领导和各族人民的帮助下，实现了社会形态变迁、生产方式演进和经济结构调整的跨越发展，景颇族聚居区的经济社会有了极大进步。但总体而言，景颇族仍是一个发展较缓慢的民族，生产力发展水平、社会发育程度较低，基础设施建设薄弱，产

20 世纪 90 年代中期景颇族山寨一角

景颇族新民居

业单一，经济发展滞后，人口整体素质不高，在乡村生活的景颇族群众生活仍较贫困。2014 年末，德宏州 14.01 万的景颇族人口中，建档立卡的贫困人口还有 8973 户 29004 人，占德宏景颇族总人口的 20.7%。[①] 有很大部分的景颇族尚未解决温饱问题，仍然面临着贫困程度深、贫困面大的整族贫困问题，整族脱贫任务十分艰巨。而摆脱绝对贫困，是全面建成小康社会的基本前提，是全面小康的"最后一公里"。

目瑙纵歌节中的景颇族男子

---

① 陈明珍，张有福 . 全面建成小康社会语境下景颇族跨越发展研究 [N]. 云南行政学院学报 2017（4）。

建设中的景颇族易地搬迁新村寨

"全面实现小康，一个民族都不能少"，是以习近平同志为核心的党中央给全国 56 个民族的郑重承诺。党的十八大以来，党和国家对"直过民族"的整族脱贫高位推动，在制度设计、政策供给、资金项目上对"直过民族"倾力帮扶，通过整乡推进、整族帮扶，采取精准滴灌，实施精准帮扶。脱贫攻坚战全面打响后，景颇族被云南省委和省政府列入 9 个直过民族和 2 个人口较少民族脱贫攻坚计划，积极帮助景颇族摆脱绝对贫困。

景颇族得到了三峡集团对口精准帮扶。三峡集团围绕能力素质提升、劳务输出、安居工程建设、特色产业培育、生态环境保护等六大工程，出资 7.6 亿元对景颇族整族脱贫致富给予持续帮扶。在景颇族聚居区内实施了农村安居房建设及危房改造、易地扶贫搬迁、村组道路建设、村内道路硬化、饮水安全巩固提升、村庄环境整治、培养农村致富带头人、建设民族团结示范村、特色旅游村寨、扶持农业龙头企业、发展农村专业合

在景颇族服装店挑选服装

作组织等项目，直接惠及景颇族 33000 名建档立卡贫困人口。①

　　德宏景颇族聚居区还得到了上海市青浦区的对口援助。青浦区仅在景颇族人口聚居最多的陇川县就累计投入对口支援建设项目资金 9895 万元，实施项目 40 个。针对边境村寨基础设施差的情况，将项目资金重点投入抵边民族村寨建设，通过实施居民危房改造、村内景观打造、室外绿化、路灯亮化、供排水设施、污水管网、卫生公厕和垃圾回收等项目，群众住房得到了有效保障，村寨人居环境得到了显著改善。

　　在党的殷切关怀和强有力的政策支撑下，在社会多元力量的积极参与和大力支持下，景颇族地区出行难、饮水难、致富难的状况得到了巨大改变，实现了整族脱贫，景颇族与其他兄弟民族一道步入了全面小康。

焕颜景颇山

　　走进全面建成了小康社会的景颇山乡，村庄发生了翻天覆地的变化，群众脸上绽放着幸福的笑容，随处可以看到经济发展带来的好日子、整族脱贫打造的靓寨子和景颇人精神面貌改变后的新样子。

一、兴产业　增收入

　　产业是高质量发展的重要引擎，景颇族的大多数村寨产业结构单一，农业基础薄弱，抵御自然灾害能力弱，尚未摆脱靠天吃饭的局面，难以形成规模经济产业，群众增收渠道窄，普遍缺乏稳定的增收项目和支柱产业，因灾返贫现象严重，农民群众增收困难。开展精准扶贫后，政府通过实施帮扶项目，打破了产业品种结构单一的局面，除巩固传统的水稻、甘蔗、油菜等种植业和牛、猪、鸡、蜂等养殖业外，还发展了坚果、蚕桑、砂糖橘、姬松茸、黑木耳、肉牛养殖等新的产业，增收效果显著。一个个产业铺就了景

大山深处的石梯寨

① 李继洪. 三峡集团精准帮扶普米族景颇族整族脱贫 [N]. 云南日报 :2020-04-01。

在集市上卖菜的景颇族妇女

蚕茧丰收

颇族百姓的致富路。

　　十余年前，盈江县太平镇景颇族居住的石梯村还是一个不通水、电、路的村庄。村民的主要经济来源于种植香茅草，为增收而扩大种植面积的毁林开荒，给生态造成了很大的压力。过去，村民靠山吃山，在林子里砍柴、打猎，到山下的市集去交易。在脱贫攻坚实践中，盈江县政府引导村民放下油锯、斧头、砍刀、兽夹，开始学习鸟类知识、当观鸟导游，科学建立鸟类观察点，开发了全国第一个双角犀鸟监测点，景颇族村民彻底改变了过去猎兽打鸟的习惯，从昔日山林的"狩猎人"变成了"护鸟人"，"砍树人"变成了"护林员"。越来越多的珍稀鸟类开始出现在他们的家园中，吸引了很多观鸟爱好者，生态观鸟旅游热火朝天。2019年，生态观鸟旅游为石梯村带来直接收入达107.5万元。[①] 石梯村还大力发展坚果、咖啡等种植业，观鸟旺季做好观鸟服务，观鸟淡季发展好种植产业，在生态保护中实现了脱贫致富，成功走出了一条"绿水青山就是金山银山"的绿色发展之路。

盈江珍稀动植物公园

① 曹松. "观鸟"经济为德宏石梯村插上致富"翅膀"！[N].经济日报.脱贫攻坚版：2020-11-10。

二、环境美　村寨靓

景颇山乡最直观的变化是村寨的外观，是人居环境翻天覆地的变化，一幢幢带有景颇民族特色的新房，实现了景颇族人民世代期盼的安居梦。村组道路全部贯通、硬化，基本实现了户户通。

2022 年景颇族村寨一角

"破房子、竹篱笆，日子过得紧巴巴"，是陇川县陇把镇龙安村精准扶贫前的写照。在三峡集团的帮扶下，龙安村的 112 户建档立卡贫困户盖起了新房。如今，走进龙安村，村庄如画，映入眼帘的是红墙青瓦，绿意盎然，房屋整齐别致，水泥道路入户进家，民风浓郁的文化墙，整洁的环境，胜似公园的村庄到处透露着勃勃的生机。

三、兴文化　富精神

在全面建成小康社会的过程中，景颇族的文化小康建设也得到了党和政府的重视与支持。2016 年建成的中国·德宏景颇族国际目瑙纵歌文化园，给景颇族人民欢度盛大、隆重的目瑙纵歌节提供了空间，也为景颇族展示历史、文化、歌舞、建筑、餐饮等民族文化提供了平台；2022 年 5 月建成的芒市景颇族博物馆，集中展示了景颇族丰富的民族文化，馆内还专门开设了展示实施"直接过渡"政策的展区，展现党开展民族工作的历史成就。文化场馆的建设，为景颇族人民弘扬民族文化提供了有力的支撑。文化小康建设，让景颇族群众享受到了更加优质的精神文化生活。

在全国近三分之一景颇族人口聚居的陇川县，老年大学办到了山村景颇族百姓的家

目瑙纵歌节

门口。护国乡景颇族织锦班，是一个开办在景颇族乡村的老年大学培训班，主要传授和指导景颇族手工织锦技艺，教师由当地的省级非遗传承人担任。开班三年来，学员越来越多，所学的织锦技艺不断提高。在学习传统纺织技艺的同时，学员们还利用学到的一技之长，将织出的产品出售增加经济收入。在党的二十大召开前夕，培训班的学员们用景颇织锦的方式精心织就了一面五星红旗，向党的二十大和中华人民共和国成立73周年献礼。[①] 这是一份凝聚着过上小康生活的景颇族人民深厚爱国情怀的礼物，是对伟大祖国的歌颂，是对美好时代的赞美，是对祖国繁荣昌盛、人民幸福安康的祝愿！

目瑙纵歌舞场上的妇女

景颇族国际目瑙纵歌文化园中的景颇族传统建筑

① 陇川组工.景颇大妈织国旗喜迎二十大 [EB/OL].景颇网:2022-09-29。

四、日子旺　面貌新

生活日新月异，日子蒸蒸日上的景颇族百姓，精神面貌焕然一新，从看天吃饭到要脱贫、要增收、要致富、要小康，观念大大改变，内生动力充分激发，加快脱贫致富奔小康的愿望更加强烈，把精力和资金更多地投入到发展生产和改善生活上。在景颇族乡村，除了经营农业产业外，不少村民还干着其他可以增加收入的工作。芒市西山乡营盘村芒

胜似公园的景颇族村寨

良组的董跑腊就是个大忙人。他在当地糖厂打工，每个月有固定收入 3200 多元，家里种了 12 亩（约 0.8 公顷）甘蔗，承包了一片沙滩开发乡村旅游，还跟人合伙养竹鼠。白天在糖厂上班，晚上去竹鼠基地帮忙，虽然很忙，但他对现在的生活状况非常满意。[①]许多年轻人转变了"家乡宝"的观念，远行到浙江、上海等地打工挣钱。家里有老人和孩子的不能出门务工的村民则留在村寨搞生产。陇川县户撒乡坪山村南补八官村民小组

用农机备耕

[①] 李自良, 张康喆, 伍晓阳, 杨静, 庞明广. 景颇族: 志智双扶改穷运 [DB/OL] 瞭望客户端: 2019-07-31。

目瑙纵歌舞队的
领舞者瑙双

的岳麻税家种了 10 余亩（约 0.67 公顷）烤烟、10 余亩（约 0.67 公顷）水稻、4 亩（约 0.27 公顷）蚕桑、2 亩（约 0.13 公顷）百香果。夫妻俩有空就往地里跑，一年下来，收入不少。此外，丈夫还在附近硅厂上班，每月工资 5000 多元。岳麻税被选为村民小组长，同时担任村里的就业信息员，报酬虽然不多，但因为能帮助大家做点事而收获满满的成就感。①

　　在全面建设小康的道路上，景颇族的民间组织和普通百姓，同心同德，锐意进取。为了让小康成色更亮，在物质脱贫、经济发展的同时，也更加关注到人才的培养。针对景颇族人才匮乏的教育短板，各级景颇族发展进步学会积极关心、支持教育事业的发展，多年来多渠道不间断地筹措助学资金，坚持奖励优秀学生和资助贫困家庭学生完成学业，让一大批景颇族学子圆了求学梦，为景颇族人才的成长创造了条件。近年来，景颇族的硕士、博士数量不断增多，景颇族整体文化素质实现了飞跃。

幸福洋溢在脸上

① 唐坤莅，刘祉薇．景颇儿女的幸福生活 [N].德宏团结报：2022-09-30。

记录快乐时刻，留下美好回忆

　　物质和精神充裕的小康生活，让景颇族人民幸福感倍增。无论走进哪个景颇族村寨，时时都能听到飘荡在村寨中的歌声和乐声，看到欢乐歌舞的幸福场面。酷爱音乐和歌舞的景颇族人民，把对党和国家的感恩、对幸福生活的颂扬和励志奋发的质朴情感都融入了他们极具感染力的歌声和舞蹈里。一张张笑脸，铺展着景颇族人民幸福新生活的新画卷。

　　从"直过民族"到全面小康，在不到 70 年的时间里，景颇族的社会生活发生了翻天覆地的变化，实现了社会形态和物质形态两个常规下需要千年才可能完成的跨越。沐浴着党的民族政策的阳光，景颇族人民跟着中国共产党向第二个百年奋斗目标迈进的步伐和信心更加坚定。

山路上的妇女

（本文作者：金黎燕，摄影：金黎燕 庞爱民 钱民富）

纳西族

业兴人和的
新生活

——纳西族小康实录

纳西族是中华人民共和国 56 个民族中的一员，源于远古时期居住在我国西北河湟地带的羌人，在发展过程中，不断吸收、借鉴周边各民族之所长，创造了辉煌的历史、灿烂的文明。

纳西族人口现有 32.37 万人，分布于东经 98.5°~102°、北纬 26.5°~30° 之间的云南、四川和西藏 3 省区毗邻的金沙江、澜沧江及其支流无量河和雅砻江流域，即云南省丽江市的古城、玉龙、宁蒗、永胜、华坪等区县，迪庆州的香格里拉、维西、德钦等市县，四川省凉山州的木里、盐源县，攀枝花市的盐边县，甘孜州的德荣县，西藏昌都市的芒

世界文化遗产——丽江古城

丽江古城入口处的世界文化
遗产标志与古城简介

丽江古城文林村勒石记载了被授予的
四项国家级荣誉称号

康县，也散布于全国一些大中小城市，其中丽江市的古城区、玉龙县是最主要的聚居区，有三分之二以上的纳西族人口。纳西族有1个自治县和4个民族乡，它们是云南省丽江市玉龙县、云南省迪庆州香格里拉市三坝纳西族乡、四川省凉山州木里县俄亚纳西族乡、西藏昌都市芒康县盐井纳西族乡、云南省丽江市永胜县大安彝族纳西族乡。

新中国成立以来，在中国共产党的领导下，纳西族聚居区的政治、经济、文化发生了翻天覆地的变化。以丽江为例，1961年4月10日，丽江纳西族自治县成立，是中国唯一的一个自治县（2002年12月26日，经国务院批准丽江撤地设市，丽江纳西族自治县辖区内分别成立玉龙纳西族自治县和古城区）。1994年，滇西北旅游规划会议在丽江召开，提出"发展大理，开发丽江，带动迪庆，启动怒江"，标志着丽江从此走上了以旅游为主导的发展道路。1997年12月4日，联合国教科文组织把丽江古城列入世界文化遗产名录，2003年7月2日，"三江并流"自然景观被列入世界自然遗产，同年8月30日，东巴古籍被列入《世界记忆遗产名录》，丽江成为举世罕见的拥有三项世界级遗产的地方，为丽江日后的文旅融合和经济社会发展奠定了良好的基础。

近10年来，丽江市生产总值从2012年的227.6亿元增加到2021年的570.5亿元，

古城纳西族有重视文化教育的传统，文林村村民富裕起来后，建盖了藏书楼等文化场馆，方便村民借阅图书

丽江市古城区一中校园运动会

总量实现翻番，增速高于全国、全省平均水平。2019年，全市游客接待量突破5000万人次，旅游总收入突破1000亿元，游客人均消费位列全省第一。截至2021年，公路通车总里程突破1万公里，高速公路里程增加到421公里，实现了"县县高速、乡乡油路、村村硬化、组组通达"，大丽铁路完成提速改造，步入"动车时代"，丽江机场三期改扩建工程稳步推进，宁蒗泸沽湖机场通航能力持续提升，实现通航城市达90个，有力助推了云南面向南亚东南亚辐射中心建设。中缅天然气丽江支线通气投产。全省第一个5G实验基站开通，丽江率先步入了5G时代。

　　玉龙县白沙镇玉湖村被誉为"雪山脚下第一村"，是纳西族先民最早的聚居地之一，也是建筑风貌保存最完整的古村落之一，至今已有一千多年历史。多年来，玉湖村牢固树立"绿水青山就是金山银山"的理念，持之以恒开展农村人居环境整治，助推农文旅融合发展，实现村民增收致富，生动实践了"资源变资产、资产变资金、农民变股民、

玉龙县白沙镇玉湖村（玉龙县政府办供图）

村庄变景区、田园变乐园"的乡村发展之路，先后荣获"全国乡村旅游重点村""中国传统村落""中国美丽休闲乡村"等称号。玉湖村坚持保护生态环境、保留民族文化、保持田园风光，以保护促发展，以发展求保护，定位"高端乡村旅游"，强化古宅古建、古树名木、乡土文化的保护与传承。编制并严格执行实用性村庄规划、农村居民建房管理办法和民居修筑修缮控制规定，拆除不协调的部分，以修旧如旧为原则修缮老宅，统一风貌建设新屋，做到一屋一墙与古村风貌一致，一砖一瓦与民族风格统一。利用具有乡愁浓郁的古村落资源，推动"特色马经济、雪山旅拍、迷笛音乐节、高端主题民宿、雪山生态营地"等产业，打造集休闲观光、文化体验、影视拍摄、研学教育于一体的乡村旅游综合体，形成"文化环境保护，促进产业发展，实现农民增收"的良性循环。玉湖村坚持以改善人居环境、提升群众生活品质为目标，新改建农村无害化卫生户厕300余座，实现卫生户厕全覆盖，建成（在建）公厕4座，规划新建旅游公厕2座；积极推进生活垃圾就近分类、源头减量行动，实现垃圾"日产日清"；投入近2000万元，建设8000米污水管道将村庄生活污水并入市政管网集中处理。加大基础设施建设，投入2000多万元建设环村公路、生态马场，整合7000万元实施生态停车场、旅游公厕、水景观、整村风貌管控等项目，环卫设施完备、村貌整洁、管理有序的人居环境正在逐

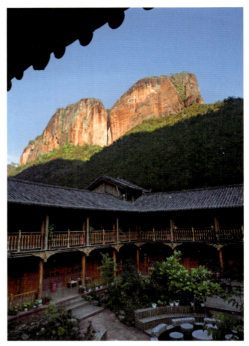

丽江老君山黎明丹霞地貌

穿过玉龙雪山与哈巴雪山之间的金沙江，该段峡谷被称为虎跳峡，两岸多居住着纳西族

香格里拉市三坝纳西族乡白地村

丽江市玉龙纳西族自治县鲁甸乡新主村

步形成。开展美化家园行动，集中整治庭院、村庄乱堆乱放，利用治理腾退的闲置空地、房前屋后，动员村民建起小菜园、小景观，形成一步一美景、一户一花园的乡村图景，让游客流连忘返。探索多样、稳定的管护筹资机制，拓宽管护资金来源，以村集体补贴20万元为主，每户每年适当付费120元为补充，建立稳定的管护资金投入机制。建立专业管护队伍，聘用11名村民作为管护人员，负责日常保洁、公厕管护、垃圾清运等。制定完善垃圾收费、常态化保洁、举报奖惩、群众保洁日、监督考核等制度，同时，调动村民参与监督管护制度落实。结合第三方与村集体合股成立的旅游公司，将村庄基础设施设备建设、运行维护作为旅游开发的重点内容，丰富长效管护方式手段，建立健全管护机制，确保农村人居环境长期、可持续发展。玉湖村坚持"美丽的人居环境就是最好的招商资源"，立足得天独厚的环境优

玉龙雪山

庆丰收文化活动（玉
龙县政府办供图）

势，引入乡村旅游业态，目前已有墅家玉庐、雪马玉龙、洛克咖啡等嵌入式半山酒店、精品民宿入驻，为当地村民提供了就业岗位，并带动村民发展农家乐、民宿餐饮等庭院经济。推动"建设美丽村庄"向"经营美丽村庄"转变，村集体与好好生活（丽江）旅游文化发展有限公司合作组建旅游开发公司，以闲置资产、集体土地等资源入股，公司采取"保底＋分红"模式按比例分成，每年给予村集体300万元的保底资金，并逐年递增，形成了"基层党组织＋村集体合作社＋企业＋村民"的发展模式。同时，蓬勃的发展环境也吸引了外出务工的年轻人返乡创业，建起农家乐，实现了"人人是股东、户户有分红、干活不出村、挣钱不出门"的共同富裕生活。2019年，全村接待海内外游客近12万人次，旅游收入达2200万元，尽管受疫情影响，2021年村集体经济收入仍达320万元，2021年村民年人均收入达2.2万元。

拉市镇均良村是一个以种植业和乡村旅游业为主要产业的农旅融合示范村，位于丽江市玉龙县拉市镇西北部，毗邻"拉市海国际重要湿地"自然保护区。全村共134户497人，依托湿地品牌，挖掘发挥田园风光、自然生态和传统文化等优势资源，积极探索出一条"生产、生活、生态""共建、共融、共享"的发展路子，先后成功创建"全国乡村旅游重点村""云南省文明村""云南省卫生村""云南省美丽乡村"，被确定为"云南省第二批城乡社区治理现代化试点村""丽江市乡村振兴示范村"。均良村通过科学规划，优化产业布局，培育新兴生态旅游业态，盘活村内闲置公共资源，深度挖掘农业多重

在昆明市西华公园欢度纳西族传统节
日"三多"节的纳西族妇女

白水台位于云南省香格里拉市三坝乡白地村西端，因水中的碳酸氢钙的沉淀而形成方圆200亩左右（约13公顷）的台地，似蓄满水的层层梯田。当地纳西族把白水台视为圣灵之地，许多重要的传统文化活动都在这里举行

功能，形成了"一街十巷八园"（一街：茶马驿市主街；十巷：民族巷、家访巷、农耕巷、美食巷、田园巷、纪祖巷、手工巷、安居巷、乐业巷、茶马巷；八园：花花色玫瑰庄园、纳西民族文化体验园、纳西家访亲子体验园、纳西农耕文化体验园、纳西美食体验园、智慧农业体验园、纳西传统民居体验园、茶马文化体验园）业态布局；通过托管600亩（约40公顷）土地进行轮种、间种、套种本地生态开花农作物，形成四季有景可看的大地田园乡村风光，融入稻田艺术创意、塑造网红地标、开发田间旅拍，全力打造丽江拉市海农文旅产业融合示范区建设。均良村以大力实施拉市海"湖泊革命"攻坚战为契机，加强农村生产生活基础设施建设，深化农村人居环境整治提升改革，聚力打造生态宜居、业兴人和的美丽乡村。均良村通过"土地入股、农户委托、集体经营"的方式促成流转土地600亩（约40公顷）发展生态观光创意农业，以

"党建+村集体经济组织+企业+农户"的发展模式，由党支部牵头组建了拉市海木家寨纳西古旅游合作社，并与花花色玫瑰庄园开发有限公司共同参与开发建设，形成了"企业自负盈亏，集体按经营收入分红，村民按月领工资，农户按年收地租"的经营机制，走出了一条组织引领、股份合作、人人参与、户户受益的"村企联建"新路子。均良村在原先的烂泥地上建成了集骑马观光、玫瑰观赏、婚纱摄影、纳西文化展演、民俗体验、纳西饮食等为一体的新型乡村生态观光旅游产业，促进一二三产业融合发展。目前，全村参与乡村旅游120户，实现就地就业258人，农户已拥有地租、玫瑰种植、马匹经营、民族文艺表演、玫瑰产品加工、景区管理务工"六份收入"，户均收入突破10万元，人均收入达到3万元。2021年村集体经济收入已达30万元，统筹用于公共服务、滚动发展、改善民生，实现了"人人有保障、户户有福利"。均良村紧紧抓住拉市镇被列为丽江市乡村振兴建设示范镇的发展机遇，按照村庄规划和发展定位，依托魅力均良旅游服务公司、花花色玫瑰庄园开发有限公司等经营主体，用好"花果""田园风光""纳西民族文化"特色资源，精心打造集果园采摘、田园观光、民宿客栈、民族文化、休闲度假、科普摄影、旅拍网红打卡为一体的新型生态乡村旅游示范区，实现"资源变资产、资产变资金、农民变股民、村庄变景区、田园变乐园"的发展愿景，奋力谱写乡村振兴和共同富裕新篇章。

云南省迪庆州香格里拉市三坝乡白地村的纳西族妇女

三坝纳西族乡位于云南省香格里拉市东南部，纳西族村寨历史悠久，传统文化保留得较好，白地村被誉为东巴文化的发祥地和圣地，是民族学和人类学理想的田野调查点。我从2003年起至今，几

云南省迪庆州香格里拉市三坝乡东坝村的一对纳西族夫妻

云南省迪庆州香格里拉市三坝乡白地村纳西族妇女

准备婚礼中待客用的甜品　　婚礼中的宴席

乎每年都要去那里做一两次田野调查。
2018 年 3 月，我参加了白地村纳西族年
度最盛大的节日"二月八"。"二月八"
是一个以祭祀、野炊、歌舞等活动为主
的节日，家家户户都要登上神山白水台，
感谢自然对人类的馈赠，祈求来年的风
调雨顺。清晨，纳西族男女老少都穿上
传统的民族盛装，背上食材、柴火朝着
白水台进发，一路欢声笑语。我分别在
2004 年、2011 年和当地村民参加过这个
节日，那个时候，许多村民都是或步行
或骑马前往白水台的，到了 2018 年，我
发现有了许多新的变化：开私家汽车前
往白水台过节的家庭非常多，以至于乡
政府不得不出动交警来维持秩序；白水
台上的野炊，除了传统的食材，比如豆腐、
饵块、鸡肉、腊肉外，还增加了新鲜的
猪肉、粉丝以及各种时蔬，烹饪方式从

东巴文化是纳西族在本土信仰的基础上不断吸收、
借鉴周边民族文化因子而最终形成的宗教文化。
图为东巴在主持丧葬仪式

三坝纳西族民居建筑中的平房，兼具客厅、餐厅、影音室的功能，它也作为祭祀神灵和祖先、祈福禳灾，以及举办人生礼仪的房间

纳西族竖新房

传统与现代并存的纳西族民居院落

过去以煮为主发展到了煮、炒等方式，许多家庭还从家里带来烧烤架，边烧烤边谈笑，琳琅满目的美食令人食欲大增，为节日增添了许多欢乐的气氛。从过节的变化中，我切身感受到了白地村纳西族生活变得越来越好。三坝乡纳西族的民居建筑，现多为合院，大门开得很高，方便各种车辆进入。主房是一栋木架结构三开间的二层楼房，屋顶用青瓦覆盖，墙用青砖砌成，各房间均用木板隔开。一层中间的堂屋门窗为木雕的六合门，雕刻精美，是整栋建筑最精彩的部分。平房兼具厨房、餐厅与客厅的功能，靠山墙中的一面，有的人家用木材打制成壁柜，雕刻精美，实用性与观赏性融为一体，是村民走上小康道路的真实写照。

三坝乡纳西族农牧皆营，大部分家庭至今都养牛，夏季村中的牛都赶到高山牧场放牧，冬季又赶回村中饲养

在过去，三坝乡的民居建筑多为木楞房，这种建筑低矮，内部光线昏暗，通风性差，保暖性不好，私密性差，打扫卫生也不方便，传统文化氛围虽然浓郁，但已不太适应现代的生活方式。白地村耕地过去靠牛，家家户户都养牛，随着时代发展，旋耕机替代了耕牛，省时省力，效率高，是农业走向现代化的标志之一。近年来白地村外出务工的年轻人比较多，值得一提的是，香格里拉市城区内 60% 的出租车司机来自三坝乡纳西族，而白地村的纳西族就有 30 人左右。白水台是迪庆州著名的旅游景点，尽管因交通条件的限制，游客还不是太多，但村民们还是因旅游的开发而有一定的收益，尤其是白水台下的古都村，村民靠开客栈、饭馆，给游客牵马等，获得家庭的主要经济收入。随着虎香公路改造通车，丽江大具乡与三坝乡跨江大桥工程的不断推进，白地村的旅游发展前景可观。近几年来，白地村已经有了几家外地老板开设的大型超市，商品种类齐全，从大件的家电到小的针线都应有尽有，质量有保证，价格也便宜。2003 年初，我到白地村进行田野调查时，村子里仅有几家本地人开的商店，商品种类很少。大型超市的出现，反映了白地村经济条件的改善和村民们购买力的提高。

俄亚纳西族乡位于四川省与云南省的交界处，隶属于四川省木里县。据说俄亚纳西族是明代从丽江迁徙而来的，由于长期处于与外界封闭的状态，以当地的东巴文化、多元婚姻形态以及大村的土掌房建筑群等为代表的传统文化被很好地保存了下来。2008 年我去俄亚乡做田野调查时，它还是一个不通公路、没有手机信号

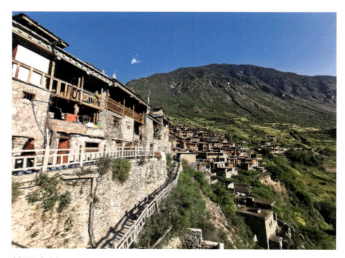

俄亚大村

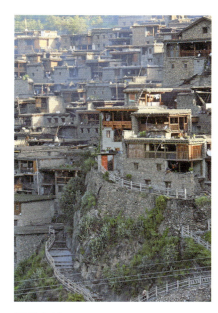

俄亚大村

的地方。清晨从香格里拉洛吉乡的漆树湾村出发就完全靠步行或骑马，翻越云南与四川两省的界山，穿过茫茫原始森林，到达俄亚乡时已经天色昏暗，用时近12个小时。2022年8月，我再次去俄亚时，从洛吉到俄亚已经修通了公路，开车用时不到两个小时。俄亚乡手机信号也已经实现了全覆盖，当地村民普遍用上了手机。如今，随着交通、通信的发展，许多年轻人纷纷外出打工，家庭经济收入普遍提高，俄亚大村的许多家庭都购买了摩托车，有些家庭还有了私家汽车。为了发展旅游业，大村中的路面铺上了石板，饮水管道和排污管道也通达家家户户，大村的纳西人家都建盖了卫生间和洗澡间，生活条件得到极大改善，有些人家还开设了客栈用于接待游客。相信在不久的将来，俄亚因独特的旅游禀赋会迎来越来越多的游客。

纳西族因分布地域的不同，经济发展水平也不尽相同，但都已经走在了小康的道路上，在中国共产党的坚强领导下，在纳西族同胞的不断努力下，未来的日子会越来越红火！

（本文作者：和红灿，摄影：和红灿　王德武）

丽江市宁蒗县拉伯乡加泽村委会油米村

拉祜族

歌声唱出拉祜
村寨幸福生活

—— 拉祜族小康实录

　　拉祜族是中国古老的民族之一。第七次全国人口普查数据显示，中国境内拉祜族人口总数为 499167 万，分布在澜沧江东西两岸和元江下游沿岸 5 个州（市），即普洱市、临沧市、玉溪市、西双版纳州、红河州，其中以普洱市拉祜族人口最为集中，全国五分之三以上的拉祜族人口居住在普洱市内。新中国成立以前，拉祜族的社会组织与社会生活建立在刀耕火种的游耕经济基础之上，生产力水平较低，人民生活水平低下，常常处于忍饥挨饿的状态。新中国成立以后，在党和国家领导下，拉祜族"手拉手，一起走向幸福"，经济社会长足发展，梨花漫开幸福来，2020 年实现整族脱贫。拉祜族有一个

李石开演奏芦笙

以葫芦为名的传统节日——葫芦节，过节时间为每年公历的4月7日至9日。创世史诗《牡帕密帕》和"拉祜族芦笙舞"先后被列入国家级非物质文化遗产保护名录，拉祜族摆舞《摆出一个春天》在2022年春节联欢晚会上大放异彩。围绕铸牢中华民族共同体意识的拉祜族优秀文化渐渐绽放绚烂光芒，自觉坚定了中华民族文化的自信自强。怀着这份自信，如今拉祜族也同其他兄弟民族一道迈步走在了全面建成小康社会的幸福大道上。

歌声唱出拉祜村寨幸福生活

2022年10月末的一天，在云南省普洱市澜沧县酒井乡勐根村老达保村民小组，刚回到家乡的党的二十大代表李娜倮与父老乡亲围坐在一起分享参加大会的喜悦。第一时间向党员群众宣讲党的二十大精神，把党的声音带回拉祜山乡。

李娜倮把新时代十年的伟大变革与老达保十年来的变化结合起来，用拉祜语和汉语开展双语宣讲，向在场的党员群众讲述大会盛况，传达大会精神，乡亲们备受鼓舞，现场气氛热烈。"十年来，因为有了党的好政策，勐根村实现了脱贫出列，我们老达保也通了水、电、路，寨子变得更美了，教育、医疗、基础设施等各项民生保障有了非常大的提高。"李娜倮对乡亲们说。党的二十大报告指出，一切工作的出发点和落脚点都是人民，正是有了党

李娜倮

的光辉照边疆，边疆百姓都过上了幸福的生活。

李娜倮，"80后"拉祜族妇女，多年前她写了一首叫《快乐拉祜》的歌曲，让她和她的村庄被很多人认识，也让流传千年的拉祜文化焕发生机。

曾经的老达保村，山路崎岖，晴通雨阻，很多人一辈子都没有走出村寨。农作物是唯一的经济来源，年人均收入只有1000多元。因为贫穷，很多人没有读书的机会。娜倮17岁那年，因为贫穷，恋人提出了分手，伤心的娜倮写出了她的第一首歌《真心爱你》。写歌、唱歌成了娜倮生活中快乐的源泉。然而，李娜倮纵情歌唱的故乡，纵有田园牧歌，却始终贫穷，一代人复制着上一代人的命运。

记者采访李娜倮

触动心弦的娜倮决定有所担当。2005年，娜倮牵头成立雅厄艺术团，动员102户村民加入，将独特的文化资源转换成生产力，教村民弹吉他，唱她自己写的歌。2009年，在村党支部书记的影响下，李娜倮光荣地加入了中国共产党，2012年当选党的十八大代表。

近年来，澜沧县委、县政府整合各类资金累计1000多万元，不断完善老达保村寨游览道路、通电排水等基础设施，新建原生态歌舞表演广场，保护提升改造特色民居。在开展文艺演出的同时，村民们还将传统农业与休闲旅游业有机融合，打造观光、体验和旅游农业带，相继拓展了风俗体验、田园观光、民族餐饮、民宿客栈、特色产品销售等民俗旅游经营项目。

澜沧县酒井乡勐根村老达保党支部书记彭娜儿说："以前村子环境是脏、乱、差，而现在的村容村

李娜倮受邀参加70周年国庆观礼

貌干净、整洁、美丽。现在，来到老达保，可以观看拉祜族的民族原生态歌舞，可以感受拉祜族最传统的文化，可以品尝拉祜族的美食，可以体验拉祜族的民宿。以前我们的村民，一年到头才几百块的收入，现在的年收入已经破万元了，比以前翻了好几倍。"

"作为一名拉祜族党员代表，能够出席党的二十大，我感到使命光荣，责任重大。"李娜倮和大家分享了自己的参会感受，她说："现场聆听了党的二十大报告，令我心潮澎湃，习近平总书记说'江山就是人民，人民就是江山。中国共产党领导人民打江山、守江山，守的是人民的心'。看似简单的几句话，却表达出了中国共产党全心全意为人民服务的宗旨，体现出中国共产党始终时刻心里装着老百姓。我们边疆各族群众要始终听党话、感党恩、跟党走，团结携手、共同奋斗，今后的日子一定会更加美好。"

李娜倮和父老乡亲对未来充满信心，干劲也更足了。"以前我爱写歌，以后也要继续写歌，不断地唱歌，唱团结之歌、奋进之歌。"

易地搬迁新村庄　昂首阔步奔小康

黑河和多依林河在这个村庄交汇，千亩良田沿河两岸排开，半山腰的茶园依山拾级而上。国道 214 公路从村庄里穿过，走进村庄，道路宽敞、房屋明亮，路灯、太阳能、篮球场、文化活动室、公共厕所一应俱全，房前屋后种满绿菜青椒……这是澜沧县富邦乡赛罕村佤霍集中安置点的现实画面。这里的拉祜族群众离开曾经的"穷窝窝"，踏上了全面小康新生活。

新居所焕发新活力。赛罕村佤霍集中安置点为 2018 年澜沧县易地扶贫搬迁项目，是澜沧县 4 个城镇化集中安置点之一，涉及赛罕村老缅、科美、青山、河边、昔丙 5 个村民小组164 户 624 人。在搬迁过程中，富邦乡党委、政府重视整体规划，连片建设，以易地搬迁房屋建设为重点，投资 1773.57 万元用于建房，为贫困户圆了"安居梦"。"以前，我家住的是竹笆房，屋顶是茅草，现在政府帮我盖了这么好的房子，感谢党，感谢政府。"河边寨搬

佤霍集中安置点宽敞干净的村道

文化活动室

佧霍集中安置点家门口的菜园

安置点家门口的农田

云南省非遗传承人竹编手艺人李扎而

来的扎妥很激动，难掩感激之情，对新家很是满意，对未来幸福生活充满希望。如今，走进富邦乡赛罕村佧霍集中安置点，错落有致的新房、平坦宽阔的道路，户户门前小菜园，真正实现了新房变新村，新村变新景，道路两边鲜花常开，焕然一新的面貌让人不胜欣喜。

新环境激发新活力。过去是"靠在墙上晒太阳，等着政府来帮忙"的精神面貌；现在取而代之的是迎着晨曦在田间地头精耕细作，为幸福生活辛勤打拼的景象。

增收致富有了新路子。产业扶贫是帮助贫困群众甩掉"穷帽子"、拔去"穷根子"的根本路径，结合赛罕村实际，富邦乡把冬季马铃薯种植作为提升产业发展、助推脱贫攻坚的关键措施来抓，依托中国工程院院士专家站，积极动员赛罕村佧霍集中安置点农户种植冬季马铃薯，把"冬闲田"变成"致富田"。今年，有老板来租赁农户"冬闲田"种蔬菜，有些农民有了租金和务工双重收入。有些农户还种植黑木耳，山上的松林里种上了林下三七。有些农户积累了经验，租下村集体出资建盖的商铺，借助国道车流人流，卖烧烤、开饭店、开旅社。有些竹编手艺人，靠巧手编织出竹篮、竹筐，卖给四方游客，供不应求。家家户户都有自己的增收渠道，小康大道越走越宽了。

村里的变化、地里的变化、心里的变化，曾经的"穷窝窝"，如今的"小康村"，群众盈盈的笑脸、赛罕村佧霍集中安置点的所见所闻无不告诉你，乡村振兴之花正处处绽放。

孟连：咖啡红了　咖农笑了

咖啡红了，咖农笑了。每年的11月初，孟连县万亩咖啡相继成熟，陆续进入采摘期，咖农们穿梭在咖啡园里摘鲜果，丰收的欢乐洋溢在脸上。

咖啡和孟连县拉祜族结下了不解之缘。1997年，敢于尝试的拉祜族青年扎克，在帕亮村试种小粒咖啡。当年，村民烧甘蔗地把所培育的5亩多（约0.3公顷）咖啡幼苗烧毁，损失近6万元。扎克不

咖啡红了

甘失败，第二年继续育苗种植，慢慢发展并有了一些起色，身边的好多老乡也跟着一起种植咖啡。经过20多年的发展，扎克辐射带动的咖农有1053户3600人，咖啡园种植面积4200亩（约280公顷）。2021年至2022年，咖啡鲜果共收购2800吨，收到支付鲜果款1300万元。

帕亮村南美咖啡场村民小组的咖啡树上硕果累累。种植户扎海一家的20亩（约1.3公顷）咖啡相继成熟，鲜红的咖啡果压低了树枝，空气中弥漫着果香，扎海和家人们挎着篮子把饱满成熟的咖啡果采摘下来，脸上洋溢着丰收的喜悦。"我家已经采摘十天了，卖了6000多块钱，今年果子好，长得俏，果大饱满，价格也不错，今年卖完预计有5万多块的收入。"扎海对今年的收入信心满满。咖啡种植全县涉及6个乡镇34个村民

咖啡红了　咖农笑了

咖啡丰收   日晒咖啡

委员会94个村民小组，产业辐射人口达6.1万人。

　　近年来，普洱市凝聚共识，大力推动咖啡产业发展，促进全产业链提质增效，积极打造"普洱咖啡"特色品牌，普洱作为中国咖啡明星产区的名声越来越响。越来越多的咖啡品牌、从业者为寻一杯好咖啡而来到普洱，深入咖农端直接预订和定制。得天独厚的自然地理和气候环境，孕育了孟连咖啡"均匀饱满、光泽鲜亮、浓而不苦、香而不烈、油脂丰厚、果酸味浓"的特色品质。

　　孟连咖啡出精品，咖农企业同受益。近年来，孟连县大力实施生态咖啡园建设，加大对咖啡园的管理，积极开展标准化咖啡园建设、中低产咖啡园改造等措施，咖啡品质得到了保障，探索"普洱咖啡·孟连精品"路线，有力提升了孟连咖啡美誉度。自1988年开始推广种植咖啡以来，截至2022年，孟连县咖啡种植面积达10.74万亩（约7163.58公顷），咖啡种植加工企业近百家，咖啡豆年产量9100吨，其中精品咖啡豆800吨。2022年至2023年，全县咖啡产量保持与上年持平，总产值预计突破3亿元。

孟连咖啡园

"女猎人"到"女茶人"的蜕变之路

娜四，拉祜族妇女，被称为曼班三队最后的女猎人。娜四生活的曼班三队位于西双版纳州勐海县布朗山乡，是一个只有17户人家的拉祜族村寨。在2009年之前，这个寨子的村民们都还居住在山林中的茅草棚里。当地曾经流传这样两句拉祜族谚语："野猪不死，拉祜不死；果子成熟的日子，我们像鸟儿一样在树上。"该谚语道出了一个遁迹深山、封闭落后、物资匮乏的生活状态。

娜四

虽然有人戏称，在西双版纳热带雨林，插双筷子都能成林，但是，曼班三队在相当长的一段时间里都处于较贫困状态。回忆自己曾经的女猎人经历，娜四说："以前家里种的粮食不够吃，政府给了救济粮也还是不够吃，只有去打猎。所以，我很小就开始学习进山打猎了，挖陷阱、做弩射猎，我慢慢都会了。"14岁那年，她曾孤身一人猎到过野猪，被村民高度赞誉。

然而，猎人并不是进山打猎就有收获，甚至常常一连几天打不到猎物，而且危险重重。"有一回我进山找猎物，一转身发现一头一人多高的黑熊就站在面前，我被吓坏了，幸好它没有攻击我，才得以安全回家。"娜四想起那次在山里的遭遇，说现在想起都还害怕，不想打猎了，想改变。

曼班三队

对于不会说汉话也不怎么会种地的娜四，不进山讨生活，就只能在附近拉祜村寨帮工。后来，驻村干部来到家里，耐心地教她种茶、种水稻、种玉米、养猪、养鸡，生活开始慢慢有了变化。

谈起带领村民种茶的经历，现已退休的当年第一批抵达曼班三队的驻村干部格伍说："为了引导村民种茶、管茶，我们

布朗山乡曼班三队农业生产

4个驻村干部每人负责4到5户……"他说，那时候村民没有长远发展的意识，不明白种那么多农作物有什么意义，有些村民把水稻、玉米、茶种下就不管了，驻村干部们只好挨家挨户地敲门，一遍又一遍教他们打理茶山和田地。

为了帮助村民转变思想观念，从2015年起，勐海县总工会先后组织娜四等村民参加勐满镇"拉祜扩节"、老曼娥"桑康节"、班章村委会坝坎囡小组"新米节"等外出交流学习十余次。娜四看到了外面的世界，开阔了眼界，逐渐树立起了只要跟着党和政府就能过上好日子的信心。

如今，娜四已经有30亩（约2公顷）茶园，成了一个自信快乐的女茶人。她说："我家现在每年每人有一万块的收入，生活得很好，得吃也得穿。"娜四看着安睡在她脚边竹篮里一岁多的孩子，说出了新的梦想："想买小轿车、盖房子，让娃娃好好读书，让他多读点书，会做生意，会赚钱。"

2021年2月，娜四的蜕变事迹入选了新华社向全球发布的国家高端智库《中国减贫学》，在第2章中作为"中国减贫学的实践操作"案例进行分析。曼班三队的娜四见证了中国减贫的生动实践，见证了"直过民族"的三重跨越：从长期封闭到走出大山，从打猎采集到种茶养猪，从以物易物到电商交易。今天，告别千年贫困，迈步走向全面小康的大道。

曼班三队村民

临沧双江小户赛：一个不愿露富的茶村

每年清明前后，双江县古树茶陆续开采，群山环抱的勐库镇小户赛自然村飘散出浓浓的茶香，吸引了无数寻茶人。勐库十八寨，寨寨有好茶，而小户赛在业界的口碑在勐库仅次于大名鼎鼎的"冰岛茶"，人称"赛冰岛"。

临沧市双江县因茶而闻名，境内的邦马大雪山1.27万亩（约847公顷）野生古茶树群被考证为目前世界上海拔最高、面积最广、密度最大、原始植被保存最完整、抗逆性最强的古茶树群落，被授予"世界古茶原乡第一标志地""中国国土古茶树种质基因宝库"称号。双江县是全国重点产茶县、全国最美茶乡、云南省茶产业十强县和"一县一业"示范县。小户赛自然村就坐落在邦马大雪山主峰的半山腰上，海拔1750米，森林覆盖率85%，有居民207户840人。

勐库大雪山壹号野生古树茶

茶山河和滚岗河从邦马大雪山上流下，一左一右，一前一后将小户赛环抱在中间，使得整个自然村青山环抱、碧水长流。得天独厚的自然资源孕育了优质的勐库大叶种茶，全村茶叶种植面积1.07万亩（约713.7公顷），其中可采摘面积6364亩（约424.5公顷），百年以上古茶园4000多亩（约266.8公顷）。2019年，全村毛茶产量达215吨，全村农民人均纯收入达11413元。

野生古树茶芽

优质的茶叶滋养了一代代淳朴的种茶人。茶农铁扎迫和罗正花夫妇说："这几年的新冠疫情对小户赛古树茶价格没有影响，每公斤鲜叶300元。"铁扎迫小时候家里穷，十七八岁时就到罗正花家的茶叶初制所打工，之后与罗正花相亲相爱，成家立业。经过二十几年的打拼，铁扎迫从月薪100元的打工仔成长为村里的致富带头人、

野生古树茶芽

门前晒茶

远眺拉祜村寨

小组长。2019年，铁扎迫家生产加工茶叶12吨，销售金额达400万元。

"绿水青山就是金山银山"。近年来，双江县加大对损害古茶树、茶园内违章建筑、私搭乱建、乱丢垃圾等行为的整治力度，着力打造洁净茶园，确保茶叶产业良好的生态环境。对于生态的保护，铁扎迫感受颇深，他说："我们小户赛古树茶受大家欢迎、不跌价的根本原因就是原生态、无污染。"在一代代人的种茶、制茶、饮茶实践中，小户赛人创造了底蕴浓厚的茶文化，他们始终敬畏自然、保护生态，让茶产业发挥最大的生态效益。谈起收入，小户赛人大都"压缩了再压缩，保守了再保守"，不愿露富。

铁扎迫回忆说："在20年前我刚开始做茶的时候，我们村茶叶鲜叶价只是每千克1.6元，那时我每天都开着拖拉机拉茶到双江街叫卖，也很难卖出去，那时我们村的人靠茶叶养家糊口都很难。现在，外界都知道我们小户赛了，都跑进我们村来定制茶叶，而且价格稳定。"铁扎迫是小户赛自然村茶农发家致富的典型代表。随着双江县茶叶产业的振兴，像铁扎迫一样，小户赛家家户户都享受到生态的红利，依靠茶叶过上了幸福生活。

（本文作者：李建波，摄影：波　哥　岩三卡　陈永刚　陈启发　陈　燕　李　伟）

哈尼族

用汗水浇灌收获
以实干笃定前行
——哈尼族小康实录

哈尼族，是一个历史悠久、支系众多、文化多元、生态多样的古老民族，是云南省 16 个跨境少数民族之一、15 个特有少数民族之一。2021 年第七次全国人口普查数据显示，哈尼族在全国总人口为 1733166 人，其中云南有 1632981 人。哈尼族绝大部分集中分布于云南南部的红河、澜沧江两岸的中间地带，这一地带也就是哀牢山、无量山之间的广阔山区。红河州的红河县、元阳县、绿春县、金平县四县是哈尼族人口最集中的地区；普洱市的墨江县、江城县、宁洱县、澜沧县、镇沅县，西双版纳州的景洪市、勐海县、勐腊县，玉溪市元江县、新平县也有大量分布；在玉溪市峨山县、红河州建水县、普洱市景东县和景谷县等地也有少量分布。

哈尼族蘑菇房

俯瞰哈尼大地

千年哈尼梯田种出了"金疙瘩"

红河哈尼梯田有着 1300 多年的历史，是以哈尼族为主的各族人民利用当地"一山分四季，十里不同天"的地理气候条件创造的农耕文明奇观，绵延整个红河南岸的元阳、绿春、金平等县，其所呈现出的"森林、村寨、梯田、江河"四素同构良性农业生态系统和独特壮丽的梯田文化景观蜚声海内外。2013 年 6 月 22 日，哈尼梯田被列入世界文化景观遗产名录，成为一项以山地农耕稻作文明为主题的世界活态文化遗产。

哈尼梯田的核心区——元阳县，梯田规模宏大，水源丰富，空气湿润，雾气变化多端，将山谷和梯田装扮得含蓄生动。但是，外表的光鲜亮丽难掩客观生存环境限制下的历史贫困问题：在国家精准扶贫工程项目落地之前，元阳全县建档立卡贫困人口在全省排第八，红河州排第一，脱贫攻坚任务繁重而艰巨。

近年来，元阳县把生态文明建设有机融合到助推民族团结进步示范创建全过程，将民族团结创建工作与乡村旅游发展有机结合起来，例如大力实施"阿者科计划"等，实现了遗产保护与旅游可持续发展，促进了各民族广泛交往交流交融，走出了一条"民族和、生态美、百姓富"，各民族共同走向社会主义现代化的绿色发展之路。

阿者科村是传统的哈尼族村落，有160余年历史，是哈尼梯田遗产区5个申遗重点村落之一。从前的阿者科村经济发展单一，贫困面大，贫困程度深，村民的思想观念比较落后。2018年的一项调查结果显示：阿者科人均年收入仅3000元，属元阳县典型贫困村，传统的生产、生活方式难以为继。村子"空心化"现象严重，全村64户479人中，有一半多劳动力在外打工，有的村民甚至还将传统民居出租给外地经营者，自己搬出村寨。零散游客自由进出村庄，旅游接待散漫无序。

2018年，元阳县委、县政府以阿者科村为试点，将传统村落保护与乡村旅游发展紧密结合，和中山大学合作推出"阿者科计划"，由

稻花香里说丰年：红河州元阳县哈尼梯田秋景

县政府指派青年干部，协同中山大学团队派出的专业人员，共同驻村组织村民成立了村集体旅游公司。中山大学团队随即派出技术人员协同县政府派出的青年干部，指导村民执行"阿者科计划"。村民以梯田、蘑菇房和自然生活方式等资源入股集体旅游公司，根据对游客吸引程度的不同，通过对每户村民梯田耕种情况、民居保有情况、是否居住、是否在户等指标进行评估，对集体公司的经营利润进行分红。通过这样的方式，鼓励村民保护传统的蘑菇房民居，继续种田以保护梯田景观，以自然的生活方式继续居住在村子里。此外，还为建档立卡贫困户提供管理、售票、检票、清洁、向导等9种就业岗位，其余农户则经营农家乐餐馆、织染布艺体验、野菜采摘、哈尼家访、梯田捉鱼、哈尼婚俗表演、红米酒品尝等旅游项目。按照"阿者科计划"，经营利润三七开，村集体公司留30%用于后续开发建设，村民分红占70%。自2019年2月正式运营以来，"阿者科计划"累计召开6次分红大会，共计分红78.51万元，最多一户累计分红14040元，户均累计分红12078元。收入提高了，村民自然愿意回乡就业创业了。

村民高烟苗表示，近几年，随着哈尼梯田越来越被认可，游客也逐渐增多，他把自家房屋改造成农家乐，平均每月能增收2000—3000元。"我家有5口人，3个孩子都在上学，过去家里的3亩（约0.2公顷）地是主要经济来源，为了补贴家用，农闲时我必须外出打工。现在一家人不愁吃，不愁穿，每月还能得到'阿者科计划'的分红。"[1]2021年10月11日至15日，《生物多样性公约》缔约方大会第十五次会议（COP15）第一阶段会议在云南昆明举行，会场内的"红河哈尼梯田复合生态系统"展示区格外引人注目。

梯田红米生态价值显著、营养及药用价值独特、文化底蕴丰富，又生产于世界文化遗产红河哈尼梯田的地理标志内，本身就具有迈向全球价值链体系的自然和人文优势，开发市场潜能巨大，开发前景广阔。梯田红米主产区为滇南红河南岸哈尼梯田区域，一般种植在1000—1800米的中高海拔地区，是当地世居民族哈尼族、彝族等民族的主食。

---

[1] 新京报社官方账号："十年减贫故事 哈尼梯田儿女在党旗下创造新生活"2022-10-17.https://baijiahao.baidu.com/s?id=1746927439654114907&wfr=spider&for=pc）。

红河州元阳县南沙镇南林社区民族团结教育进校园：哈尼族、傣族、彝族大合照

2020年12月中央民族歌舞团赴普洱市镇沅县古城镇哈尼族（卡多支系）聚居区慰问演出：各民族大联欢

红河州元阳县哈尼族"开秧门"农耕实景文化活动（暨"四季生产调"唱述现场）

红河州元阳县新街镇阿者科村2022年传统农耕仪典"扎扎"节现场：祭祀房、秋千架、磨秋

用汗水浇灌收获　以实干笃定前行

位于世界文化景观遗产红河哈尼梯田核心区的红河州元阳县新街镇麻栗寨村

经过红河州农科院科学家的努力，通过提取老品种红米基因进行改良，成功在亩产只有200千克的红米老品种基础上研发出亩产400多千克的红米新品种，亩产值由原来的不到1500元提高到2600多元。红河州把红米列为重点发展的农产品之一，2019年推广红米种植近16万亩（约10667公顷）。

为提高梯田价值和村民收入，除了种水稻，元阳县政府还将"稻鱼鸭"共生等一系列农耕稻作文化智慧传统发扬光大，推出了"稻鱼鸭"综合种养模式。自2017年起，元阳县政府计划对建档立卡贫困户免费发放鱼苗240吨、鸭苗50万只，示范区范围内按每亩600元的标准给予扶植稻种、鱼鸭苗等物资。据统计，"稻鱼鸭"综合种养模式可实现亩产值1.1万元，扣除成本4460元，亩产值达6540元，比单种水稻亩产值2500元增收4000余元。

新街镇大鱼塘村村民李正福表示，"稻鱼鸭"综合种养模式推广后，他将2.5亩（约0.17公顷）土地流转给养殖公司，每亩可获利1200元；帮养殖公司打理日常事务，每月可获 3000 元工资，他还将闲置房屋出租给养殖公司，每年可获 38000 元租金，年收入大幅度提高。

在脱贫致富、乡村振兴的过程中，村民们的生活发生了巨大变化，俄扎乡哈播村村民马明旭说："现在国家政策好，我们这个地方也变好了，吃穿不愁，公路也是村村通，加强了交流联系，有什么事都是商量着来，大家都很团结。"牛角寨镇岩际村村民李家福说："现在生活好了，我们老百姓住房有保障，医疗有保障，生活越来越好，越来越幸福。"

"老叶茶"摇身变作哈尼乡村脱贫致富"金叶子"

玉溪市元江县因远镇卡腊村委会下辖 8 个村民小组，共有 755 户 3294 人，其中哈尼族布孔支系有 2670 人，是哈尼族布孔支系的主要聚居地之一。全村共有耕地面积 2963 亩（约 198 公顷），人均耕地面积 0.93 亩（约 0.06 公顷），林地面积 43107 亩（约 2873.8 公顷）。在脱贫攻坚工作大举推进之前，卡腊村茶树保有量近 4000 亩（约 266.7 公顷），其中大部分为 20 世纪七八十年代种植的云南大叶种，茶树品种混杂老化，低产低质问题严重制约了民族贫困山区脱贫致富的步伐。

为着力解决基层群众面临的实际困难，时任镇、村级党员干部结合卡腊村茶树种植

玉溪市元江县因远镇卡腊村大力发展红桃、茶叶、核桃综合种养绿色产业经济

规模大、贫困人口多的实际，经过数轮实地走访调研，带领当地哈尼族同胞理顺发展思路、共寻脱贫增收谋发展的路子，最终通过前期组织调研、市场分析及引种嫁接实验论证，选出了"普景1号"茶树良种，并全面开展良种选育工作。

玉溪市元江县因远镇卡腊村委会烤烟示范种植带

卡腊村党总支为确保项目有效落地落实，村、组党员干部成立工作队，召开村民会议，逐村入户宣传动员，为贫困户理清思路、传授脱贫致富经验；引进茶叶专业合作社为建档立卡贫困户开展低产茶树嫁接换种改造，并现场开展技术培训；同时积极争取专项扶贫基金，拓宽招商引资渠道，加强"内生"与"外援"发展协同驱动。

卡腊村的茶种改良于2019年初步见效，新品种鲜叶单芽42元/千克、一芽一叶15元/千克，干茶单芽120元/千克

幸福"硬化"路，助力小康村

至140元/千克、一芽一叶50元/千克至60元/千克。改良后上市的茶叶均价较老品种茶叶翻了2至3倍，每亩收益从原来的1500元增加到3000元至5000元，贫困户增收效益初步显现，发展内生动力逐渐增强。截至2019年，因远镇完成低产茶叶品种改良760亩（约50.7公顷），惠及建档立卡贫困户368户1523人。2020年，因远镇因势而谋，继续实施茶叶品种改良645亩（约43公顷），惠及建档立贫困卡户183户679人。[①]

建档立卡贫困户李金柱对茶种改良增收项目深有感触，在村党总支的政策讲解和引导下，李金柱于2019年将家里的2亩多（约0.13公顷）茶园进行了改良，到10月份开始采摘，当年年底，李金柱家改良后的茶园就取得了2000多元的收入，后续年收入预计可达1万元。切身感受到党和国家的政策红利之后，李金柱发自内心地感慨道："感谢村领导，茶叶改种是改对了。去年有一天，仅我一个人摘的新茶叶就卖了400多元。"

---

① 搜狐新闻："元江县：管好茶园金叶子 乡村振兴奔小康"2020-06-05 https://www.sohu.com/a/400001979_120207611。

这样的例子，在当地比比皆是，红了日子，富了群众，卡腊村以茶叶品种改良效益驱动为主导纵深发展各类经济作物产业，让群众尝到了甜头、看到了希望，当地哈尼族群众欢天喜地地表示："原来，除了烟叶子，茶叶也是'金叶子'。"

通过茶产业的撬动，卡腊村成功探索并发展出了"党员干部带头示范＋村民合作发展"的内生发展路子，走上了一条绿水青山与金山银山、脱贫攻坚与乡村振兴相契合的发展道路，烤烟、茶叶、水稻、红桃、核桃等经济和粮食作物的种植业发展蒸蒸日上；加之秋冬季节种植蔬菜、菜豌豆，并附有养猪、鸡等养殖业多个增收点合力，多种模式并举，当地哈尼族群众的日子红红火火，小康生活乐陶陶。

如今的卡腊村，镇到村、村到组的道路全部完成水泥硬化；每个村民小组都拥有了自己的党员活动室；村村寨寨立起了太阳能路灯；哗哗的自来水全部入户；不少村民还建盖了新房，购买了微耕机、农用车，开上了面包车、小轿车，摩托车更是年轻人司空见惯的交通工具之一。

提及卡腊村的脱贫致富路，当地干部群众一致拍手称道："卡腊是个好地方，路上路下茶叶香；党员干部带头干，哈尼群众紧跟上；齐唱党的政策好，脱贫攻坚打胜仗；管好茶园金叶子，乡村振兴奔小康。"

打好脱贫攻坚战，推进乡村振兴，关键在党的领导。也正是当地村"两委"经过不懈努力和探索，结合党和国家"脱贫攻坚奔小康"各项帮扶政策，闯出了一条因地制宜的内生发展路子，从而有了"老叶茶"摇身一变成为"金叶子"，成为哈尼族群众脱贫致富奔小康"点石成金"的发展典范。

护好"青山"变"金山"，茶旅融合促振兴

格朗和哈尼族乡南糯山村委会隶属于西双版州勐海县，格朗和哈尼族乡充分发掘乡规民约中的传统生态保护知识，与"两山"理念高度契合，结合"林长制"等一系列生态保护与绿色发展措施，辖区内的生态文明建设成效显著。被誉为"气候转身的地方"的格朗和哈尼族乡南糯山村，有耕地 7654 亩（约 510.3 公顷）。截至 2022 年 8 月，全村共有 1166 户 5417 人。2008 年，南糯山村陆续开始种茶。据 2022 年 7 月份统计数字：全村有 3317 人从事茶叶种植，从事茶叶种植的劳动力有 3701 人。现在有 39738 亩（约 2649.2 公顷）茶林，人均年收入 18000 元。

2019 年开始，茶山资源得天独厚、山明水秀的绿美格朗和乡，围绕"抓产业促增收、抓项目促跨越、抓民生促和谐、抓党建促脱贫"的工作思路，立足本区山乡优势，助力

西双版纳州勐海县格朗和哈尼族乡南糯山村委会的"林长制"公示牌

脱贫攻坚。为坚决打赢脱贫攻坚这场硬仗，格朗和乡充分发挥村党组"作战部"的作用，通过机制牵引、上下联动的方式，准确抓住产权制度改革政策机遇，充分发挥勐海县城到格朗和乡"四改三"公路和"七子饼茶文化旅游环线"的交通优势，将古茶山生态资源和哈尼族特色文化资源优化整合，通过茶旅融合促发展的模式将全乡5个村的生态茶园、抽沙点、商铺等村级集体资产公开招租。截至2019年，5个村的集体经济收入均超过了5万元，党建引领脱贫攻坚能力明显提升，有力助推了农户持续稳定增收。

十多年前，脱贫攻坚举措尚未在哈尼山乡大举推进，南糯山村大多数村通往各自茶山的泥土路还未得到全面硬化，当地村民回忆道："每逢阴雨连绵的天气，村民到自家茶山采茶，没有像样的交通工具代步，只能在泥泞不堪的土路上艰难跋涉。当时拥有摩托车和拖拉机代步的人家都被村民们羡慕不已，但即便有这些交通工具，在大雨加泥泞的山路上也毫无用武之地，采茶季遭遇雨水天就无法采摘茶叶获得收入了。"

2022年，南糯山村半坡老寨的村民车杰在今昔比对的回忆中不断感慨："现在跟十年前比，简直就是两个世界。以前寨子里都是老旧的木房，走出家门又全是泥路和杂草，不要说有小汽车了，能有辆摩托车都算是有钱人，那时候普通人家一年就能挣一两万元。但现在不一样，我们寨子家家盖起了别墅，院子里面停两辆小汽车也不是稀奇事。有些会赚

云南"一县一业"示范县创建世界古茶第一村——南糯山

西双版纳州勐海县南糯山哈尼族聚居片区的生态古树茶群落

钱的，今年的收入就将近六十万了，像我们普通人家，也差不多有二三十万吧。"①

　　南糯山村多依寨的春梅和勒四夫妇也感受到祖祖辈辈守护好的绿水青山给自己带来的巨大收益。2022年的春茶开采季，春梅和家人迎来了最忙碌也是最欢喜的时刻："都说靠山吃山。我们家几代都是茶农，现在国家对茶农政策很好，茶商给的茶叶价格也高，再忙我们也愿意做茶。"春梅的喜悦之情溢于言表。

　　随着脱贫致富奔小康政策的实施，小康致富齐振兴的发展好势头，茶旅融合助脱贫、促增收的模式也在哈尼山乡不断释放效能优势。拥有800多年栽培型"茶树王"而闻名

红河州元阳县新街镇集市上售卖手工传统民族服装的哈尼族妇女

红河州元阳县新街镇菜市上正在交流的哈尼族与彝族妇女

① 澎湃新闻网："格朗和乡南糯山村半坡老寨：因茶而生的产业振兴路" 2022-09-15.https://www.thepaper.cn/newsDetail_forward_19913310。

红河州红河县迤萨镇幸福的哈尼族小朋友

迤逦的南糯山村发展势头强劲，被农业农村部评为第八批全国"一村一品"示范村，以及 2020 年全国乡村特色产业"亿元村"。近年来，南糯山村既聚力"旅游＋"发展战略，又通过打造茶旅融合项目为乡村振兴发展注入了新的活力和动力。

村党总支副书记海荣对茶旅融合产业发展的巨大效能有较深的感触，他认为："茶旅融合项目引进投资后，投资人也自觉融入村寨的生活和发展中。"海荣介绍了南糯山村的姑娘寨，从一个只有 15 户人家，基础设施薄弱落后的小村落，经历了产业转型升级、增收渠道扩容的发展历程，包容性地引入了 15 户新寨民之后，乡村基础设施建设和综合发展也呈现出活力十足的势头。

自脱贫攻坚大举推进落地以来，勐海县积极推进乡村振兴"四位一体"项目以及整合沪滇协作项目资金 1000 余万元，对南糯山村的基础设施和村寨环境进行了针对性的提升改造，海荣副书记介绍道："通过茶旅融合项目，南糯山村的年产值已达 2.5 亿元，创下农民人均纯收入达 2.7 万元的历史新纪录。"

南糯山村委会副主任飘三在提及绿色产业经济发展给哈尼山乡带来的巨大转变时，讲道："因受益于得天独厚的绿色经济产业业态，我们南糯山哈尼族群众靠发展绿色茶产业经济，过上了美好幸福的小康生活。我们哈尼族自古以来对生态系统的保护都遵循'天人合一'的传统生态理念，如今，大力发展绿色茶产业经济，'生态美，百姓富'，老百姓从生态保护中得到了发展实惠，更加愿意努力践行生态文明建设以及绿色发展理念，都在日常经济发展中，积极履行生态保护的义务。"

西双版纳州景洪市正在自家服装作坊手工缝制民族服装的哈尼族阿卡支系女性

　　如今，南糯山村以哈尼族为主的各族人民群众，对茶旅融合项目助力乡村振兴，对"绿水青山"变"金山银山"的绿色生态发展模式，都信心满满，干劲十足。

　　诚如习近平总书记所言"幸福是奋斗出来的"，在党的正确领导之下，全国人民凝心聚力、砥砺奋进，始终把脱贫攻坚作为首要政治任务，以坚韧不拔的毅力、持之以恒的定力、精进不休的耐力，跑赢了脱贫攻坚决赛场，于2020年兑现了"全面建成小康社会"的庄严承诺。170余万哈尼族同胞与全国各族群众同步迈入小康社会，沐浴在"沕可小康"的暖阳春风里、共享社会发展红利与小康福祉的哈尼族同胞，深知"用汗水浇灌收获，以实干笃定前行"的发展硬道理，不断探索调整农业产业结构和发展新路子、新举措，正与全国人民万众一心，擘画并践行着乡村振兴宏伟新蓝图，今后将朝着第二个百年奋斗目标继续踔厉前行，勇毅奋进，争取在社会主义现代化国家建设中贡献智慧、添砖加瓦。

（本文作者：罗　丹，摄影：罗　丹　李有平　谢佳蔺）

中国式幸福

普米族

日新月异
普米族告别贫穷迈小康

—— 普米族小康实录

　　1960 年才正式定名的普米族，以前他称"西番"，"普米"是普米族本民族自称，是云南 15 个特有少数民族之一，是云南 11 个"直过民族"和人口较少的少数民族之一。根据《白狼歌》《宋史》《维西见闻纪》等文史资料和《中国少数民族史大辞典》记载，普米族先民是最初居于今甘肃、青海一带以游牧为生的古氐羌人，后因种种原因几经迁徙至川滇边境地区，最终形成今天普米族的居住布局。普米族主要聚居在云南的兰坪、宁蒗、玉龙、维西，部分散居在云南的云县、凤庆、香格里拉以及川西南的木里、盐源、九龙等县。普米族有自己的语言普米语，属汉藏语系藏缅语族羌语支，但没有本民族文字，通用汉语。普米族主要信仰苯教、韩规教和藏传佛教。第七次全国人口普查数据显示，

普米族大羊村

中国境内的普米族有 45012 人。

中华人民共和国成立初期，普米族生活贫穷落后，生活基本上自给自足，主要以刀耕火种原始农业为主要生计方式，尚处于封建领主经济和保留较少部分原始社会残余的社会形态。中华人民共和国成立后，党和国家帮助普米族大力发展生产，普米族逐渐摆脱原始生计方式，进入社会主义社会形态。

普米族大羊村村民

普米族经济社会发展，大致经历了三个阶段。第一阶段，社会主义制度确立至党的十一届三中全会召开。普米族经济社会发展虽然曲折，但是仍然在螺旋式上升发展。第二阶段，党的十一届三中全会召开至党的十八大之间，普米族迎来了经济社会发展的春天，进入改革开放和社会主义现代化建设新时期。第三阶段，2012 年党的十八大召开至今，党中央实行精准扶贫政策，坚决打赢脱贫攻坚战，实现全国各民族"一个民族都不掉队"同步迈入小康社会。普米族在党和国家的关心帮助下，开展东西部协作，由广东珠海对口帮扶怒江州，开展"万企帮万村"行动，三峡集团对普米族地区群众进行了大力帮扶，最终于 2020 年底打赢了脱贫攻坚战，取得"一步跨千年"的经济社会发展成就，与全国一道同步迈入小康社会。现在，普米族正迈开豪迈的步伐，向着实现中华民族伟大复兴目标奋勇前进！

普米族在迈向小康社会过程中和进入小康社会之后的新景象、新气象、新气息，反映在普米族地区和普米族生活的方方面面。全面小康社会之花在普米族地区处处灿烂绽放。

普米族妇女正在田间劳作

眺望普米村寨

　　1949年，丽江、兰坪、宁蒗等县普米族地区获得解放，普米族从此获得新生进入社会主义新时期。国家为了保障普米族在政治上与其他民族享有同等地位，让普米族充分享有行使民族自治的权利，自1954年开始在普米族地区建立民族乡，1987年11月又正式批准建立兰坪白族普米族自治县。兰坪县是中国唯一的白族普米族自治县。民族乡的建制是完善我国民族区域自治制度的一项重要制度内容。普米族民族乡基层人民政权的建立，密切了党同人民群众的血肉联系。兰坪县的成立，充分保障了普米族人民当家作主的权利。1990年，云南省第七届人民代表大会常务委员会第十二次会议批准通过了《云南省兰坪白族普米族自治县自治条例》，并于2006年经云南省第十届人民代表大会常务委员会第二十一次会议批准修订了《云南省兰坪白族普米族自治县自治条例》。《云南省兰坪白族普米族自治县自治条例》的修订与完善，有利于保障兰坪县普米族在经济、社会、文化等各项事业的发展。

　　普米族地区过去交通条件非常落后，进出村寨，基本靠走，运输物品基本上靠人背马驮。即使勉强挖有可以通乡镇和村的泥土路，也因为路况难走、耗时太长，以及泥土路时常碰上晴通雨阻等，村民出行是个大问题，而且还影响了村民往外销售粮食蔬菜、经济作物，从而导致村民增收困难。比如，兰坪县金顶镇弩弓村党支部书记熊芳说："最难的是出行问题，一旦下雨，外面的车进不来，里面的车出不去。到集镇赶个集买点东西，来回要花五六个小时，群众养的牛羊、种的芸豆都因交通问题卖不了好价钱。"要致富，先修路。如今的普米族聚居地区，在党和国家的关怀下，一条条高速公路穿村而过，

普米族妇女正在赶牛群，脸上洋溢着喜悦之情

一条条水泥路连通了从县城到各个乡镇、乡镇到各个行政村之间的交通路线，100户以上自然村的进村道路基本上按要求铺上水泥路。兰坪县通甸镇还建起了兰坪丰华通用机场，并于2019年12月30日通航。天上地下四通八达的交通网络，彻底解决了村民之前为出行一趟而颇为痛苦的烦恼。经济条件许可的普米族村民甚至购买了私家车，出行如同城市居民一样方便、快捷。道路的修通也让普米族群众不再为农作物的销售而发愁，一定程度上调动了他们耕山种果，发展种养殖业的积极性，并激发了他们通过勤劳致富过上好日子的热情。兰坪县下甸村委会箭干场村，大学毕业生和顺生回乡创业，带领村民养鸡、养牛和养蜂，并种植有机药材、高山杂粮，闯出了一条"靠山吃山"的致富路。

普米族过去以种植业、畜牧养殖业为主要生计方式。如今，普米族充分利用自然资源条件，响应国家乡村振兴战略，因地制宜地发展旅游业，带动服务业发展，实现了不出家门就可以就业。云南省兰坪县通甸镇罗古箐普米族村，原本是一个世外桃源般的山村，村民世代隐居山林无人问津。自从硬化道路通村之后，村里利用自身特色的丹霞自然风光和普米族民族风情，发展起特色旅游业，吸引了外界无数游客前来打卡。

普米族的日常生活

村民顺势纷纷开起农家乐，经济收入犹如芝麻开花节节高，过上了幸福的生活。就业是最大的民生保障。党和国家非常关心普米族就业困难问题。各级党委政府加强东西部扶贫合作，有针对性地对普米族地区农村剩余劳动力开展劳动培训，建立从培训到输出、管理和服务的全链条的闭环就业机制，将普米族农村地区的大量剩余劳动力向长三角、珠三角、城镇等发达地区的二三产业转移就业。因此，发展至今，普米族的生计方式经历了游牧、狩猎到定居农业、园艺业、手工业、商业、旅游业、服务业等方式。特别是在脱贫攻坚期间，对口帮扶普米族的三峡集团在普米族地区因地制宜地开展产业帮扶，拓展了普米族群众收入升级方式，村民收入年年攀升。比如，三峡集团帮助云南省维西县的攀天阁乡皆菊村、保和镇兰永村、永春乡菊香村和拖枝村的普米族群众发展老黑谷、中药材等特色产业，并将特色产业与乡村旅游相互结合起来，不仅解决了部分普米族群众的就业问题，而且还大大增加了普米族群众的经济收入。

　　普米族过去居住的房屋以木楞房为主，常常出现简陋且不能遮风挡雨的破败景象。怒江州的兰坪县是普米族的主要聚居县。如今，兰坪县普米族山寨，一座座新建的安居房拔地而起，家家户户改善了住房条件，宽敞明亮的大院，具有普米族民族文化特色装饰的房屋墙面，美化了普米族山村。兰坪县金顶镇普米族聚居山寨高坪村，现在一幢幢具有普米族特色的碧瓦白墙民居掩映在青山绿水之中。村庄周围庄稼长势喜人。维西县永春乡拖枝村是个普米族村寨，过去村内道路泥泞，房屋老旧，生活环境差强人意。在脱贫攻坚政策的帮扶下，如今的拖枝村就像一座小公园，宽敞整洁的水泥路铺到家门口，

普米族家中的火塘

闲暇之时的娱乐活动

家家养花、户户菜园种满了季节性蔬菜，分布在道路两边，具有普米族民族特色的新房在村里显得格外突出亮丽，让人看到身心愉悦。一个个充满生机的普米族特色村寨向党和国家交出了一份安居乐业的优秀答卷。在脱贫攻坚期间，有的普米族群众被列入易地扶贫搬迁对象，搬出世代居住的大山，住进宽敞明亮的易地搬迁安居房，个个笑逐颜开，感谢习近平总书记和党中央，感谢中国共产党。如今的普米族山寨可谓是旧貌换新颜。家家户户通水通电，实施农村厕所革命，大力开展农村人居环境整治工作，妥善处理生活垃圾和生活污水，全力推进美丽乡村建设，积极开展"最美庭院"评选活动。普米族村寨普遍通上了网络，部分村寨装上了太阳能路灯，条件许可的还建了物流驿站。同时，大力发展农村电商产品和电商企业。如今的普米族村村寨寨都是美丽的家园。例如，维西县保和镇兰永村和永春乡普米族村寨菊香村就像一幅美轮美奂的山水画，蓝天白云下，一座座独具普米族特色的房屋错落有致地分布在青山绿水之中，家家户户屋顶安装着太阳能热水器，通组入户公路干净整洁。

1950 年，普米族地区刚解放时，除了几个地下党员干部外，普米族缺乏本民族的人才队伍。七十多年来，党和国家对普米族地区的教育发展事业投入了巨大的财力、物力和人力，稳步实施普米族高层次骨干人才培养计划，在普米族地区持续推广普及国家通用语言文字。普米族人口受教育程度逐年大幅度提升，不断涌现大批党政领导干部、高级知识分子和企业管理人员等人才，形成了普米族人才队伍。例如，熊胜祥、和润培、杨道群、胡忠文、和润才等党政领导干部，普米族有史以来第一位中外闻名的歌唱家曹新华，普米族历史上第一位民族学领域的高级学者高级知识分子杨照辉，曾获第五届全国少数民族创作骏马奖的普米族著名青年诗人鲁若迪基，等等。2020年底，普米族告别绝对贫困，实现整族脱贫后，医疗卫生服务有了进一步的保障实现了包括但不限于基本医疗保障、大病保险、医疗救助、医疗费用兜底的"四重保障"。与此同时，党和国家大力推动普米族的社会保障体制机制建设，不断加大普米族地区农村低保资金和临时救助资金等保障力度，持续推进普米族地区的农村敬老院建设。普米族教育和医疗事业的发展进步，不断推动普米族人口素质和人均寿命的提高。

迈入小康社会后，普米族民族团结进步事业得到进一步的发展。2019年4月，《中国少数民族大辞典·普米族卷》编撰工作启动。《中国少数民族大辞典·普米族卷》编撰工作是首次全面、系统、科学梳理普米族历史文化和发展现状的重大文化工程，对于推动云南民族团结进步示范区建设具有重大现实意义。在云南民族团结进步示范区建设的"十县百乡千村万户"示范引领建设工程政策的带动下，普米族地区的民族团结进步示范村、民族团结进步示范单位犹如雨后春笋般不断涌现。2017年，兰坪县金顶镇大龙村大公甸小组被国家民委公布为"全国民族团结进步示范单位"。2021年，兰坪县被国家民委公布为第八批全国民族团结进步示范区示范单位。云南宁蒗县红桥镇普米族番人古寨文化旅游景区和兰坪县通甸镇罗古箐普米风情小镇，是普米族民族团结进步事业发展的一个精彩缩影。

普米族文化事业发展进一步提升，普米族众多的优秀传统文化获准成为非物质文化遗产项目的数量不断增加。比如，普米族的拈达则封山仪式、四弦舞乐等都陆续成为省或者国家非物质文化遗产。2022

喜悦之情溢于言表

年，由兰坪县文化和旅游局非物质文化遗产保护中心组织申报的《普米族民歌》入选云南省第五批省级非物质文化遗产代表性项目。普米族文化事业的发展推动了普米族生态文化的发展。例如，普米族拈达则封山仪式于 2021 年被评为云南省第五批国家级非物质文化遗产保护项目。拈达则的"拈"意为恒久，"达"意为平安，"则"意为栽种，拈达则指的是栽下永远平安之树。拈达则仪式有利于唤醒人们爱护树木的幼苗，不乱砍滥伐，并被写进乡规民约之中，让村民都有互相监督的权利，有利于保护生活环境，共建绿色家园。例如，2022 年 3 月，云南省丽江市宁蒗县一年一度的普米族拈达则封山仪式在普米族聚居村落新营盘乡牛窝子村民小组和拉伯乡庄子村民小组举行，充分展示普米族保护自然环境、呵护美丽家园的生态智慧。新时代背景下，普米族非常重视非物质文化的保护、传承与发展，积极发挥各级代表性文化遗产传承人的力量，开展非物质文化遗产传承中心、馆、室的建设，并将其进行创造性和创新性发展，将非物质文化遗产与现代生活结合起来，变成"立体的""生动的""有生命

普米族传统建筑

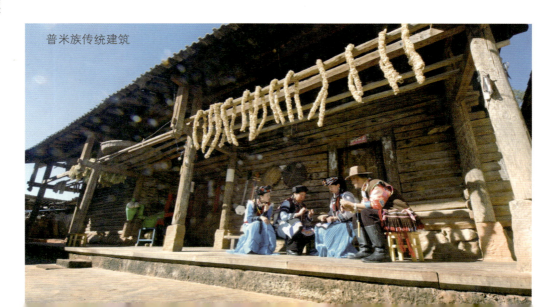

力的"文化财富。在近几年的全国两会上，全国政协委员普米族茸芭莘那积极为抢救和保护普米族文化奔走呼告，提交了《关于加大对我国人口较少民族文化抢救和保护力度的提案》《关于加强我国少数民族濒危语言文字保护的提案》等。

今非昔比普米族，告别贫穷迈小康。普米族在实现物质小康的同时，也实现了精神上的小康。普米族群众纷纷抛弃了过去导致贫穷的思想，精神面貌焕然一新。家家户户"以勤劳致富为荣"，争当致富带头人。家家户户都重视教育，懂得了学习知识、增长生存本领的重要性。普米族群众致富不忘中国共产党，发自内心地通过开展各种"听党话、感党恩"活动，来表达对中国共产党的感谢之情。2022年10月，中国共产党第二十次全国代表大会在北京胜利召开。普米族将继续跟着中国共产党，为实现中华民族伟大复兴目标而奋斗！

（本文作者：张群辉，图片来自云南美术出版社《中国云南十五个特有少数民族影像志·普米族》）

普米族少女对未来生活充满期盼

后 记

　　建设幸福中国是建设中国特色社会主义"五位一体"（经济建设、政治建设、文化建设、社会建设与生态文明建设）总布局的核心，终极目标是实现人民幸福，同时，全面建成小康社会是中华民族孜孜以求的美好梦想，也是实现幸福中国的必由之路。探索中国式幸福，必须立足中国国情，依靠中国人民。众所周知的是全面建设小康社会的重点和难点在农村、在民族地区，没有农村和民族地区的小康，就没有全国的小康。

　　本书以探讨中国式幸福为背景，聚焦哈尼族、白族、傣族、傈僳族、拉祜族、佤族、纳西族、景颇族、布朗族、普米族、阿昌族、怒族、基诺族、德昂族、独龙族云南15个特有少数民族脱贫攻坚步入小康的实景，在写作中坚持实事求是，突出政治性、政策性、时代性、生活性，真实呈现在中国共产党的领导下，云南特有的少数民族政治、经济、文化、社会、生态等全方位多角度的生活风貌，反映这些民族从整族脱贫到迈向全面小康的奋斗历程。

　　本书由云南省社会科学院民族学研究所具体负责组织编写。参与写作的人员有：李吉星、罗丹、爱星·西涅、李建波、刘江、张志远、席永财、蒋茜、金黎燕、薛金玲、朱佶丽、徐何珊、陈春艳、王国爱、和红灿、杨芍、张群辉、孙祎。

值得一提的是本书的大部分实例均是在写作人员扎实的田野调查基础上完成的，参与人数众多，内容翔实，图文并茂，可读性强是本书的主要特色。但本书也有一些短板和不足，恳请读者给予批评指正。

在此书的策划、调研、编辑、出版过程中，得到了相关州（市）、县（市、区）、有关部门和云南美术出版社的大力支持，在此一并致谢！

本书编写组

2024 年 6 月 21 日